Handbuch

QUILOMBISMO

HKW

O Quilombismo
Von Widerstand und Beharren.
Von Flucht als Angriff.
Von alternativen demokratisch-egalitären
politischen Philosophien 5

Ein Gang durch die Ausstellung
O Quilombismo 19

Werke in der Ausstellung 33

Acts of Opening Again:
Eine Choreografie der Konvivialität 252

Kulturelle Bildung 276

O Quilombismo

Von Widerstand
und Beharren.

Von Flucht als Angriff.

Von alternativen
demokratisch-
egalitären
politischen
Philosophien

„Wo begegnen uns solche Erfahrungen? In den *quilombos*. *Quilombo* bedeutet nicht entflohener Sklave, wie es in den herkömmlichen Definitionen beschrieben wird. Es bedeutet brüderliche und freie Wiedervereinigung oder Begegnung; Solidarität, Zusammenleben, existenzielle Gemeinschaft. Die quilombistische Gesellschaft verkörpert ein hochentwickeltes Stadium des soziopolitischen und menschlichen Fortschritts im Sinne eines wirtschaftlichen Egalitarismus.

Die uns bekannten historischen Präzedenzfälle bestätigen diese Einschätzung. Das Wirtschaftssystem des Quilombismo zeigt deutlich, wie sich die afrikanischen Traditionen des Kommunitarismus und/oder der Ujamaa an die brasilianische Umgebung angepasst haben. In einem solchen System unterscheiden sich die Produktionsverhältnisse grundlegend von denen des Kapitalismus, der auf Ausbeutung und sozialer Abwertung von Arbeit beruht – untermauert von der Idee, um jeden Preis Profit zu erzielen, auch auf Kosten menschlichen Lebens, insbesondere des Lebens versklavter Afrikaner.

Im Quilombismo kommen verschiedenste Ebenen eines gemeinschaftlichen Lebens zum Ausdruck, dessen dialektische Wechselwirkungen die vollständige Entfaltung und Verwirklichung der schöpferischen Fähigkeiten eines jeden Menschen ermöglichen. Alle wesentlichen wirtschaftlichen Faktoren und Komponenten befinden sich in kollektivem Besitz und werden gemeinsam genutzt. Arbeit ist nicht als eine Form der Bestrafung, Unterdrückung oder Ausbeutung konzipiert; Arbeit ist vor allem eine Form der Befreiung, die die Menschen als Recht und soziale, bürgerliche Pflicht wahrnehmen."

— Abdias Nascimento, „Quilombismo: An Afro-Brazilian Political Alternative"[1]

Dieser Text ist die gekürzte Fassung eines Beitrags zum Band *O Quilombismo* Reader, der begleitend zum Projekt erscheint. Weitere Informationen zu dieser Publikation siehe S. 278.

[1] Abdias Nascimento, „Quilombismo: An Afro-Brazilian Political Alternative", Journal of Black Studies 11/2 (Dezember 1980), S. 141–178.

„Jede Rückführung, ob symbolisch oder tatsächlich, war ein schwerer Schlag für die große kulturelle Mission der Revolution. [...] Jedes Entkommen, jede Flucht war eine Form von Maroonage, diese Suche nach einem freien Ort, von dem aus die fortwährende Revolte gegen die kulturelle Kolonisierung seitens der unentwegt produktiven Bourgeoisie geführt werden konnte, die Amerika nach ihrem Abbild zu entwerfen suchte."

— Sylvia Wynter, „Black Metamorphosis"[2]

Diese Spirale einer Geschichte, der Geschichte des Quilombismo, lässt sich auf unterschiedlichste Weisen beginnen. Es ist eine sich immer weiter auffächernde Geschichte, deren Anfänge und Enden sich stets erneuern. Wie bei der Ekdysis – bei der sich eine Schlange während des Wachstums häutet – weigert sich auch diese Geschichte, nur eine Schale, eine Haut, ein Gehäuse zu haben, vielmehr erneuert sie ihre Hülle, wann immer es erforderlich ist. Durch ihre Häutung wird die Geschichte aufgefrischt, neu justiert, regeneriert und verjüngt, und gewinnt so stets einen weiteren Anfang, ein weiteres Ende hinzu.

Einen möglichen Einstieg in diese Erzählung könnte das Z, der letzte Buchstabe des Alphabets, bieten. In seinem einflussreichen Aufsatz „Quilombismo: An Afro-Brazilian Political Alternative" schließt Abdias Nascimento sein „ABC des Quilombismo" mit „(Z) Zumbi: Begründer des Quilombismo. Zumbi: Zenit dieser historischen Sternstunde, Zenit dieser Schwarzen afro-brasilianischen Menschen."[3] Keine andere Figur verkörpert die Geschichte, die Philosophien, die Ordnungssysteme, die Widerstände und die Ideen des Quilombismo mehr als Zumbi. Zumbi dos Palmares.

[2] Sylvia Wynter, „Black Metamorphosis: New Natives in a New World", unveröffentlichtes Manuskript.

[3] Nascimento, „Quilombismo", S. 168.

Die Legende von Zumbi dos Palmares (um 1655 – 20. November 1695), dem brasilianischen *quilombo*-Anführer kongolesischer Abstammung – der in Brasilien gegen die Portugiesen kämpfte, der die afrikanische Bevölkerung aus der Versklavung auf den Plantagen befreite, der eine Gesellschaft aufbaute, die nicht auf Unterdrückung, sondern auf Egalitarismus beruhte, der ein durch und durch demokratisches Regierungssystem einführte und einen Geist radikaler kultureller Emanzi-pation schuf –, ist eine, die immer wieder erzählt werden muss.

Der Buchstabe Z (Zumbi) führt uns zum Werk des Perkussionisten und Sängers Naná Vasconcelos. Ebenso wie für Zumbi war der Bundesstaat Pernambuco für den 1944 in Recife geborenen Vasconcelos der Mittelpunkt seines Lebens. Er war berühmt für die breite Palette an brasilianischen Perkussionsinstrumenten, die er beherrschte, darunter auch der Berimbau, ein hölzerner Musikbogen. In dieser Geschichte spielt aber der Einsatz seines Körpers – als Musikinstrument, als Überträger von Wissen, als Ort des Möglichen – eine extrem spannende Rolle.

Als Vasconcelos 1983 *Zumbi* veröffentlichte, hatte er bereits legendäre Alben wie *Africadeus* und *Amazonas* (beide von 1973) und *Saudades* (1979) vorgelegt. Diese Platten behandelten Aspekte der afro-brasilianischen, afrikanischen und afro-diasporischen Geschichte und Gegenwart. Mit *Zumbi* berief er sich auf eine der wirkungsvollsten Episoden der afro-brasilianischen Geschichte und damit auch der Weltgeschichte. Seinen Körper machte er dabei zum Erzähler dieser Geschichte.

Auf *Zumbi* scheint Vasconcelos die Erinnerungen seines Körpers, ihrer Körper, unserer Körper wachzurufen, während er gleichzeitig dafür plädiert, sein Körper, ihre Körper, unsere Körper mögen ebendieser Ort des transzendenten Diskurses *sein*. Wenn er diese Musik spielte, verwandelte er seinen ganzen Körper in das Fell einer Trommel, in eine Energiequelle, die Vibrationen erzeugt, in einen generativen Körper. Seine Gliedmaßen, sein Bauch, sein Zwerchfell und seine Rippen wurden zu Oszillatoren des Klangs. Klang entsteht durch die einfache Unterbrechung des Luftstroms; wann immer es eine Vibration gibt, besteht die Möglichkeit zur Klangerzeugung, da die Luftpartikel angeregt werden, sich zu bewegen und aneinander zu stoßen. Genau das passiert, wenn wir auf eine Trommel, einen Körper oder irgendein anderes Instrument schlagen; sogar bei der Stimme, wenn wir ausatmen, spannen sich unsere Stimmbänder und vibrieren, während sie den Luftstrom unterbrechen. Mit jedem Klatschen, Aufstampfen, Beißen, Schlagen, Tippen, Pfeifen und Singen forderte Vasconcelos seinen Körper auf zu sprechen – von, aus, durch, mit Zumbi zu sprechen. Zumbi dos Palmares. König der *quilombos*.

Vasconcelos erzählt Zumbis Geschichte auf dem gleichnamigen Album auf tangentiale, metaphorische, somatische Weise. Beim Zuhören kann man sich die Szene aus dem Jahr 1678 deutlich vorstellen: Pedro Almeida, der portugiesische Gouverneur des Kapitanats Pernambuco, versucht, Ganga Zumba – Zumbis Onkel und damaliger König der Siedlung Palmares, gegründet von Menschen, die aus der Versklavung entflohen waren – von einem Freiheitsabkommen zu überzeugen. Das Abkommen würde (eine Art) Frieden bringen, aber um den Preis, dass Palmares unter portugiesische Verwaltung gestellt würde. Wenn man weiter zuhört, bekommt man eine Vorstellung davon, wie Zumbi sich seinem Onkel widersetzt und stattdessen die Befreiung ALLER versklavten Menschen und völlige Autonomie fordert.

Über die Musik erschließt sich, wie Zumbi Ganga Zumba schließlich 1678 tötet und die Regentschaft übernimmt. Der Überlieferung nach baute Zumbi als König von Palmares eine wirtschaftliche, politische und kulturelle Infrastruktur auf, die auf seiner kongolesischen Herkunft basierte. Diese menschenwürdige Alternative zur Unmenschlichkeit und schieren Barbarei der Plantagen sollte eine zentrale Referenz für den Quilombismo werden.

Ein anderer, möglicher Einstieg in diese Erzählung könnte Nanny of The Maroons sein, die im 18. Jahrhundert die Windward Maroons anführte, die zuvor als Versklavte in der britischen Kolonie Jamaika gelebt hatten. Nanny, die Queen. Granny Nanny. Wie Zumbi wird auch Nanny in Liedern gefeiert – beispielsweise in „My Queen Is Nanny Of The Maroons“ von Sons of Kemet, das auf dem 2018 erschienenen Album *Your Queen Is A Reptile* zu hören ist. Mit dem Sound der Nyabinghi-Trommeln zu Beginn des Liedes wird der Geist von Nanny heraufbeschworen. Dabei erzählen die Bläser auch von Widerstand und Emanzipation, die den afrikanischen Kontinent mit der Diaspora und den Befreiungskämpfen auf der ganzen Welt verbinden. Durch das Trommeln auf der Bass-Baandu aus Ziegenfell, der Fundeh in mittlerer und der Kete in hoher Tonlage macht Nanny the Queen ihre Anwesenheit spürbar, vermittelt durch ein anderes Geistwesen: Muhumuza (diejenige, die Frieden bringt). Königin Muhumuza, die vom Geist des Nyabinghi (Überfluss) besessen war, leistete auf einem Gebiet, das zu den heutigen Staaten Ruanda/Uganda/Tansania zählt, entschiedenen Widerstand gegen die koloniale Besatzung und die Gewalt, die ihrem Volk angetan wurde.

Die stampfenden Hornstöße der Sons of Kemet erinnern an das Kuhhorn Abeng, das von den Windward Maroons und Nanny eingesetzt wurde, als sie im Ersten Maroon-Krieg gezielte Strategien gegen die Briten entwickelten, um sie aus dem Hinterhalt angreifen und die eigenen Stellungen halten zu können. Das Abeng-Horn wurde nicht nur wegen seines ekstatischen Klangs verehrt, sondern diente auch als Kommunikationsmittel über große Entfernungen hinweg. Mit dieser vortelefonischen Technologie konnten die *maroons* einander leicht über die Stellungen und den Zustand der vermeintlich besser ausgerüsteten britischen Armee informieren. Doch der Klang des Abeng-Horns war nicht die einzige Technologie, von der die Briten in dieser Schlacht nichts wussten. Ebenso wie Nyabinghi die Elemente Erde, Wind, Feuer und Wasser einsetzte, um den Krieg gegen die Kolonialisten zu gewinnen, nutzte auch Nanny die übernatürlichen Technologien ihrer Ahnen, die Kräfte des Obeah, um als Anführerin ihre Gruppe erfolgreich zu sein. Gemeinsam mit den anderen *maroons* im Osten führten Nanny und die Windward Maroons einen Guerillakrieg gegen die britischen Truppen, um sie daran zu hindern, in die Blue Mountains vorzudringen, wo die *maroons* Communitys gegründet hatten. Neben Nanny waren es auch noch andere, wie Quao, Cudjoe und Accompong, die die *maroons* zu einer gewissen Freiheit und Selbstbestimmung führten. Nachdem sie die Niederlage auf dem Schlachtfeld eingestehen mussten, legten die Briten einen Friedensvertrag vor, der am 20. April 1740[4] unterzeichnet wurde und den *maroons* mehr Freiheiten einräumte. Ihnen wurden die 500 Morgen Land zugestanden, auf denen sich heute Moore Town (früher bekannt als New Nanny Town) befindet.

[4] Karla Lewis Gottlieb, *The Mother of Us All: A History of Queen Nanny, Leader of the Windward Jamaican Maroons*, Trenton: Africa World Press, 2000, S. 95.

Doch auch wenn diese Geschichte des Quilombismos Schlüsselfiguren braucht, durch die sie erzählt werden kann, so geht es bei ihr doch nicht um Zumbi, Nanny und die vielen ungenannten anderen. Ein weiterer möglicher Einstieg in diese Erzählung wäre es, sie als eine Geschichte vom Streben nach Gerechtigkeit und der Eröffnung emanzipatorischer Räume zu erzählen. Sie kann – und muss – als die lange Geschichte der anhaltenden Kämpfe erzählt werden, die einen Spalt aufreißt, durch den die in der Vergangenheit Entmenschlichten Luft zum Atmen bekommen. Sie kann – und muss – als die lange Geschichte von Protest und Widerstand gegen die Entmenschlichung von Menschen dieser Welt durch Menschen dieser Welt erzählt werden.

Wie Sylvia Wynter in ihren Überlegungen zur Maroonage in „Black Metamorphosis" treffend formuliert, muss diese Geschichte auch als „Suche nach einem freien Ort erzählt werden, von dem aus die fortwährende Revolte gegen die kulturelle Kolonisierung geführt werden kann".[5] Eine der Besonderheiten von Wynters Statement ist der Fokus auf die Prozesshaftigkeit. Emanzipation ist ein Prozess. Maroonage ist ein Prozess. Quilombismo ist ein Prozess der Elastizität der Revolte. Sobald ein befreiter Raum nach einem Kampf bezogen wurde, beginnt mit der Aufrechterhaltung dieses Raums der *eigentliche* Kampf – nicht nur mit Blick auf die damaligen Gewalttäter*innen, sondern auch gegen die Selbstgefälligkeit derjenigen, die im Anschluss die Macht innehaben. Kurz gesagt, die Räume der Freiheit und die Freiheit selbst müssen permanent kultiviert werden.

[5] Wynter, „Black Metamorphosis".

Nascimento erläutert die Grundlagen des *quilombo* als Raum der Wiedervereinigung, aber, noch wichtiger, als eine Philosophie und Praxis der „Begegnung, der Solidarität, des Zusammenlebens, der existenziellen Gemeinschaft".[6] Dies ist der Kern des Quilombismo. Nascimento entwickelt seine Entortung des Quilombismo als nicht-räumliches Konzept – oder zumindest als eines, das sich nicht auf bestimmte Räume reduzieren lässt –, indem er den Quilombismo als ein Projekt des wirtschaftlichen Egalitarismus denkt, der das Ziel des soziopolitischen und menschlichen Fortschritts verfolgt. Es ist wichtig zu bedenken, dass der Quilombismo in einer Periode existenzieller Gewalt entstand, die durch die Konzeptualisierung des Kapitalismus verursacht wurde. Dies geschah in einer Zeit, in der sich die europäischen Kolonialisten die Welt und die auf ihr lebenden Menschen nach ihren Vorstellungen schufen: eingeteilt in jene, die auf den Plantagen zur Zwangsarbeit verdammt waren, und jene, die vom Reichtum dieser Plantagen profitierten. Aus diesem Grund ist es von zentraler Bedeutung, den Quilombismo als ein Wirtschaftssystem zu verstehen, das auf „angepassten Varianten afrikanischer Traditionen des Kommunitarismus und/oder von Ujamaa" beruht, und als eine wirtschaftliche Alternative, die Arbeit nicht als „eine Form der Bestrafung, Unterdrückung oder Ausbeutung" betrachtet. Vielmehr „ist Arbeit vor allem eine Form der Befreiung, die die Menschen als Recht und soziale, bürgerliche Pflicht wahrnehmen".[7]

[6] Nascimento, „Quilombismo", S. 161.

[7] Ebd.

Nascimento versteht das Wesen und den Prozess des Quilombismo als etwas, das aus den Spannungen von Kampf, Unterdrückung und Widerstand hervorgeht und sie verkörpert. Diese Spannungen bestehen heute noch – durch die Hinterlassenschaften des kolonialen Projekts, als Trümmer des kapitalistischen Babels, das wir in den letzten 600 Jahren errichtet haben, als Überbleibsel von Technologien der Entrechtung und Entmenschlichung. In diesen historischen und gegenwärtigen Realitäten wirkt der Quilombismo als eine Philosophie des Widerstands durch Freude, als Raum, in dem sich Technologien der Verzauberung erproben lassen, als realer und fakultativer Raum von Glück und Hochgefühl, die um ethische und egalitäre Werte herum konzipiert sind. Ein weiterer möglicher Einstieg in diese Erzählung könnte die Vielfalt der Orte sein, durch die sich der Quilombismo entwickelt hat und in denen er bis heute existiert. Diese Räume und ihre Philosophien verhelfen uns zu der Erkenntnis, dass die Menschheit in der Lage ist, das toxische Konzept vom Menschen als *homo egozentricus* oder *homo oeconomicus* zu entlernen und sich ein Konzept des Menschseins und des In-der-Welt-Seins zu erschließen, das auf gegenseitigem Respekt, ethischen Werten und einer gemeinsamen Würde beruht. Diese Geschichte handelt von den großen und kleinen *quilombos*, *cumbes*, *palenques*, *cimarrones* und *maroons* überall dort auf der Welt, wo die kulturellen, politischen, sozialen und wirtschaftlichen Aufgaben der Befreiung und Emanzipation erdacht und erfüllt werden. Nascimento beschreibt, wie sich das Phänomen der Quilombos verbreitete und dabei an verschiedenen Orten unterschiedliche Formen annahm. Selbst innerhalb von Brasilien bildeten sich zahlreiche *quilombos*. Wie der Soziologe und Anthropologe Roger Bastide in „The Other Quilombos“ darlegt, war Palmares zwar der berühmteste und größte aller *quilombos*, aber es gab noch viele andere. Deren Geschichte zeugt von der „kollektiven Flucht und dem Widerstand sowohl gegen die Versklavung als auch gegen die Assimilierung der weißen Kultur (auch in der Geografie zeigt sich dies bis heute – viele Orte heißen immer noch *quilombo*, in Erinnerung an die entflohenen Schwarzen, die sich dort niederließen)".[8]

Wo immer Menschen unterdrückt wurden – lässt sich feststellen –, haben sie sich in unterschiedlicher Weise im Widerstand organisiert. Deshalb waren und bleiben die Legenden von Entflohenen, die zu *maroons* (*negres marrons*) wurden – wie Bazil auf Guadeloupe, Linval oder Les Alukus in Guyane, Anchaing, Cimendef, Roi Diamparé, Roi Mafati, Roi Phaonce oder Roi Tsymandevo auf den Réunion-Inseln, Barbe blanche, Diamamouve, Madame Françoise oder Sans Souci auf Mauritius, Makandal auf Haiti oder Bayano in Panama –, allgemein bekannt, und ihre Namen gelten noch immer als Synonym für Widerstand und Befreiung.

Ein weiterer möglicher Einstieg in diese Erzählung könnte es sein, sich ein Projekt vorzustellen, das den Titel *O Quilombismo. Von Widerstand und Beharren. Von Flucht als Angriff. Von alternativen demokratisch-egalitären politischen Philosophien* trägt und das am HKW Künstler*innen, Wissenschaftler*innen, Aktivist*innen, Geschichtenerzähler*innen und andere mehr zusammenbringt, um über die Ideale und Konzepte des Quilombismo nachzudenken und diese als historische Tatsachen, als Orte der Fabulationskunst und Fantasie, als zeitgenössische Realitäten und auch als Metapher zu begreifen. Im Glossar zu Beginn von Édouard Glissants *Poetics of Relation* erfahren wir, dass der

[8] Roger Bastide, „The Other Quilombos", in: Richard Price (Hg.), *Maroon Societies: Rebel Slave Communities in the Americas*, Baltimore: Johns Hopkins University Press, 1996, S. 191.

Begriff der Maroonage ursprünglich den politischen Akt der Flucht von versklavten Menschen auf Martinique beschrieb, denen es gelang, in die waldigen Hügel zu entkommen. Glissant beschreibt, dass der Begriff seitdem bedeutet,

> „auf die eine oder andere Weise, die euro-amerikanische Kultur abzulehnen. Dieser Widerstand speist sich aus einer Kombination von geografischer Verbundenheit (die für das Überleben im Dschungel unerlässlich ist und den Nachkommen von versklavten Menschen fehlt, denen das Land, das ihnen nie gehören sollte, fremd blieb), Erinnerung (die in mündlichen Erzählformen und Vodou-Ritualen erhalten ist) und all den listigen Umwegen, Ablenkungsmanövern und Finten, die notwendig sind, um die wiederholten Bemühungen, diese kulturelle Subversion rückgängig zu machen, abzuwehren."[9]

O *Quilombismo* ist eine Einladung, diese psychischen und physischen Orte eines bewussten Umwegs zu betreten und darin zu verweilen – und so die Brüche der Erzählungen körperlich zu erfahren, in die Gebirgsschluchten einzutauchen und die Bergrücken zu erklimmen, die tatsächlichen und metaphorischen Räume der Tarnung, Verkleidung und Flucht in Vergangenheit und Gegenwart zu erkunden.

Die Einladung zu diesem Projekt ist verbunden mit einer Vorstellung davon, wie kultureller Widerstand gegen unsere gegenwärtige(n) Situation(en) aussehen und wie er von Konzepten des Widerstands und der Emanzipation aus der Vergangenheit geprägt sein könnte. Im westlichen Denken wird Flucht oft als Schwäche,

[9] Édouard Glissant, *Poetics of Relation*, übers. von Betsy Wing, Ann Arbor: University of Michigan Press, 1997, S. xxii.

als Versagen abgetan. Doch im Quilombismo ist Flucht Kampf, aber auch ein Vorläufer des Kampfes: Flucht als Kampf verschafft den *maroons* die Möglichkeit, sich zu versammeln, neu aufzustellen und unter Rückgriff auf Guerillataktiken anzugreifen.

Diese Geschichte ohne Anfang und Ende bildet den Kern der ersten Ausstellung einer neuen Ära im HKW, die begleitet wird von einer Reihe diskursiver, filmischer und performativer Formate, in denen Schwesterlichkeit/Brüderlichkeit und ein freies Wiedersehen, Begegnungen von und für Solidarität, Übungen des Zusammenlebens und Praktiken einer existenziellen Gemeinschaft erdacht und manifestiert werden; in denen Vorstellungen von gesellschaftspolitischem und menschlichem Fortschritt unter Bezugnahme auf einen ökonomischen Egalitarismus, wie ihn der Quilombismo anstrebt, reflektiert und zur Aufführung gebracht werden; in denen über andere Formen des In-der-Welt-Seins, wie Ujamaa, die die Grundlage von Politik und Wirtschaftssystemen bilden, nachgedacht wird; in denen die Suche nach einem freien Ort, von dem aus die fortwährende Revolte gegen die kulturelle Kolonisierung geführt wird, anschaulich wird; und in denen eine Bühne für eine quilombistische demokratisch-egalitäre Erfahrung geschaffen wird, die die Faktoren *race*, Wirtschaft, Geschlecht, Gender, Gesellschaft, Religion, Politik, Justiz, Bildung und Kultur berücksichtigt und alle Ausdrucksformen des gesellschaftlichen Lebens sowie alle Ebenen der Macht in öffentlichen und privaten Institutionen einbezieht.

In diesem Sinne lädt *O Quilombismo* dazu ein, zu quilombieren – als Verb.

Bonaventure Soh Bejeng Ndikung

Ein Gang durch die Ausstellung *O Quilombismo*

„Quilombismo ist ein antiimperialistischer Kampf, er artikuliert sich im Schulterschluss mit dem Panafrikanismus und erklärt seine radikale Solidarität mit allen Völkern der Welt, die von Ausbeutung, Unterdrückung und Armut betroffen sind oder mit Benachteiligung aus Gründen von *race*, Hautfarbe, Religion oder Ideologie zu kämpfen haben."

— Abdias Nascimento, „Quilombismo: eine afro-brasilianische politische Alternative"[1]

Die Ausstellung *O Quilombismo: Von Widerstand und Beharren. Von Flucht als Angriff. Von alternativen demokratisch-egalitären politischen Philosophien* lädt ein zur Begegnung mit künstlerischen und theoretischen Auseinandersetzungen, die zugleich Wegmarken historischer wie aktueller, kultureller wie politischer Formen von Widerstand und Affirmation bilden. Das Publikum ist zudem eingeladen, sich ein Bild vom HKW als einem konvivialen, kollektiv organisierten und pluriversalen Haus zu machen. *O Quilombismo* folgt in seiner Komposition den Rhythmen der ästhetischen Welten, die das Projekt versammelt. So beschreitet die Ausstellung einen wechselvollen Pfad, der verschiedenen Strömungen künstlerischer Genealogien durch das ganze Haus nachgeht und sie miteinander verknüpft.

Als antirassistische, „geschwisterliche und freie Vereinigung oder Begegnung; als Zusammenhalt, Zusammenleben, existenzielle Zusammenkunft"[2] führt uns die Philosophie des Quilombismo auf offenes epistemisches Gelände und hin zu einer Pluralität ästhetischer

[1] Abdias Nascimento, „Quilombismo: An Afro-Brazilian Political Alternative", *Journal of Black Studies* 11/2 (Dezember 1980), S. 155.

[2] Ebd., S. 161.

Traditionslinien und Wissensformen, die der (Neo-) Kolonisierung widerstanden bzw. sie durchgestanden haben. Als ein Ort der Gemeinschaft artikuliert die Ausstellung ihre quilombistische „radikale Solidarität",[3] indem sie Kunstwerke und Welten aus der afrikanischen Diaspora, aus Afrika selbst und aus anderen Gegenden willkommen heißt – wo immer sich in Vergangenheit und Gegenwart Menschen der Unterdrückung widersetzt haben oder gegenwärtig widersetzen. Als konvivialer Raum lässt sich *O Quilombismo* von Impulsen leiten, die Strukturen und Hierarchien physischer, begrifflicher oder historischer Art außer Kraft setzen, und bringt im Zuge dessen die vielen Kulturen und Welten zur Geltung, in denen Menschen von jeher leben und handeln.

Welche Sprachen könnte eine derartige Ausstellung sprechen? Auf welche Formen kann sie sich berufen und wie sollten diese sich zueinander verhalten, miteinander umgehen? Welche Räume artikuliert sie? Die Wandmalerei von Tanka Fonta erstreckt sich auf dem langen, unregelmäßig gewundenen Fries im Inneren des modernistischen Baus. Obwohl ziemlich schmal und als Architekturelement leicht zu übersehen, entfaltet die Arbeit erhebliche Sprengwirkung auf die ästhetische und intellektuelle Geometrie der Geschlossenheit, die der ganze Stolz des Bauwerks ist. Der dunkle kosmische Hintergrund der Wandmalerei erzeugt eine unauslotbare Tiefe zwischen Decke und Wänden. Mit ihrer eindrücklichen Bildwirkung schlägt sie eine konzeptuelle Kerbe in eine Architektur, die eine einzige kohärente Welt behauptet, wie sie im Kalten Krieg sowohl die Erbauer*innen dieses Hauses als auch deren ideologische Kontrahent*innen auf der anderen Seite der nahegelegenen Berliner Mauer im Sinn hatten. Im Inneren dieser kreisförmigen Schlucht bilden sich Echos,

[3] Ebd., S. 155.

die jede singuläre Grammatik der Bildsprachen zu einer Polyphonie vervielfältigen. In der Wandmalerei dargestellt sind Bewegungen von Symbolen, Fabeln, Allianzen von Resonanzen, Spuren verschiedener Bamun-Handschriften, Aufnahmen von Klängen in unterschiedlichen Notensystemen, Visionen der Gewalten des Universums und der quantischen Schwingungen, Wissenschaft und Musik. Nichts davon ist Abstraktion, nichts besteht an und für sich selbst, nichts reiht sich ein in die Traditionslinien der abstrakten Kunst, alles schwebt in einer zugleich entrückten und einzigartig konkreten Welt. Ebenso wenig der ahistorischen Abstraktion entsprungen ist die Bodenintervention von Nontsikelelo Mutiti in der Mrinalini Mukherjee Halle. Mit ihren befreienden Mustern afrikanischer Flechttechniken und -kenntnisse legt sie ein neues Fundament und spielt auf die Fluchtrouten von Menschen an, die in einem Akt der Selbstbefreiung *quilombos* gründeten und im Geheimen überlebenswichtige topografische Kenntnisse per Flechtmuster verbreiteten. Weiter auf dem Weg durch die Ausstellung konstruiert Owusu-Ankomah seine Bilder aus Adinkra-Zeichen als Grundbausteinen. Adinkra ist ein komplexes System von Bildsymbolen und Zeichenbotschaften der westafrikanischen Akan, weit mehr als ein schlichtes Repertoire der Buchstaben und Wörter. Ganze Denkweisen und Geschichten gehen mit den einzelnen Zeichen einher, und die Weisheit und Fantasie, die jedes enthält, sind zwar an seine Form gebunden, reichen aber weit über diese hinaus. Auch die freistehenden Wände in der Ausstellung ergeben in ihrer Gesamtheit ein raumfüllendes *gyawu atiko* – ein Adinkra-Symbol, das davon erzählt, unerschrocken und mit allen Mitteln für die eigenen Leute einzustehen. In gleicher Weise gestaltete Farid Belkahia (1934–2014) seine künstlerischen Instrumente unter Rückgriff auf Schriftsysteme und -formen der Tuareg, die in Heilverfahren und als Talismane zur Anwendung kommen. Bei der Herstellung von Textilien fanden Bastin Santan Diggekar, Shakirambi Ganishab Tattongi, Bibijan Babushab Gunjavathi, Hattarabi Maulasab Gunjavati, Badimabi Gafarsab Ugrani und Saidambi Imamasab Naik von der afrikanisch-indischen Community der Siddi Mittel und Wege, auf einem einzigen Quilt vom Miteinander unendlicher Welten zu erzählen, indem sie Stoffe – mit deren eigenen Vorgeschichten – weiterverwendeten, zweckentfremdeten und zu neuem Leben erweckten. Marie-Claire Messouma Manlanbien erzeugt Mikrokosmen, in denen die sozialen Codes der Akan-Frauen mit mathematischen Ordnungen und Elementen aus der Alltagskultur verschmelzen.

In den Bildern von Abdias Nascimento (1914–2011) und im Werk von Rubem Valentim (1922–1991) spielen die Orishas eine zentrale Rolle – Geister der Yoruba und verschiedener afro-diasporischer Religionen, die für neue künstlerische Ausdrucksformen in Brasilien und anderswo jenseits eurozentrischer, modernistischer Genealogien entscheidend waren. Da Glaube und Spiritualität der Yoruba für die Ausprägung Schwarzer Lebenswelten eine so herausragende Bedeutung haben, beziehen Nascimento und Valentim die Orishas ein, um ihrem eigenen Leben und künstlerischen Universum eine Form zu geben. Sie tun das auf eine Weise, die ungeachtet der jeweiligen Darstellungen auf der Leinwand die Wirklichkeit zum Leuchten bringt und so die Betrachter*innen in Bann zieht. Wider die „Ausübung der reinen Abstraktion“ in der westlichen Moderne, gegen die Abdias Nascimento sich als bloßer „Kunst um der Kunst willen“[4] wandte, bleiben die Fluchtlinien ästhetischer Modifikation in dieser Ausstellung auch anderswo nicht auf die Form beschränkt. Sie verbinden sich mit historischen und spirituellen Dimensionen, verunklaren die Binarität

[4] Abdias Nascimento, „Afro-Brazilian Art: a Liberating Spirit“, in: Amal Alhaag, Aude Christel Mgba, Bonaventure Soh Bejeng Ndikung, Gwen Parry, Ibrahim Cissé, Krista Jantowski und Zippora Elders (Hg.), *Abdias Nascimento – Being an Event of Love*, Berlin: Archive Books, 2022, S. 73.

von Abstraktion und Gegenständlichkeit. Gleich neben den Bildern von Nascimento und Valentim erschafft Everald Brown (1917–2003) seine eigene Geometrie des Kosmos, die tief in den auf Äthiopien bezogenen Glaubensüberzeugungen des jamaikanischen Revivalism wurzelt. Es ist das Schöpfen aus den Quellen verschiedener spiritueller Welten, mit dem *O Quilombismo* ein weiteres Kapitel aufschlägt.

Nascimentos Vielfalt des visuellen Ausdrucks ist in der Ausstellung in ihrer ganzen Bandbreite vertreten, während sich die symbolische Architektur des Projekts in gewissem Maß von seiner Kunst und deren unmittelbarem brasilianischen Umfeld entfernt – von dessen immenser, etliche Generationen umspannender Geschichte des Kampfs gegen Rassismus, von der Schaffung afrodiasporischer Kosmologien mit je eigenen Ästhetiken als Formen von Politik und Gemeinschaftsbewusstsein. Neben Nascimentos geometrischen Bildern, die oft von Devotionalien für verschiedene Geister ausgehen, treffen wir in *Oshunmaré Rising* (1972) auf eine bildhafte Darstellung des gleichnamigen Regenbogengeistes. Dieses Bild war auch Anregung für die Farbpalette auf Wänden, Böden und Sitzgelegenheiten in der Ausstellung. Mehrsprachig sind auch die Werke von Everald Brown. Sie beinhalten Darstellungen von Haile Selassie als Gott der Rastafari und seinen Musikinstrumenten. Die Aufnahme vielfältiger religiöser und spiritueller Bezüge in die Ausstellung versteht sich als Anerkennung der vielfältigen Kosmologien, die immer schon parallel existierten. Denn auch künstlerische Sprachen sind wie technische Erfindungen aus bestimmten Weltbildern abgeleitet. Das wird in Schlüsselmomenten der Ausstellung deutlich: beginnend beim Tiergarten mit den Fahnenstangen entlang der Zufahrt zum HKW, an denen die Flaggen von

María Magdalena Campos-Pons, die den verschiedenen Orishas gewidmet sind, die Gäste willkommen heißen. Weiter führt die Ausstellung zu Alberto Pitta, der Festzugswagen dekoriert, während des Karnevals überall in Brasilien ganze Umzüge gestaltet und hier mit zwei Wandmalereien an der Fassade zu Ehren von Ogún vertreten ist – einem Orisha der Yoruba im Candomblé, gefeiert für seine Fähigkeit, neue Wege zu eröffnen, sowie als Gott-heit des Schmiedehandwerks und der Technologie. Die Künstler*innen von Taller Portobelo sind Nachfahren einer *maaron*-Community afrikanischer Herkunft in Panama, genannt Cimarron de Portobelo. In ihrer Arbeit entwickeln sie eine Bildkultur rund um Traditionen aus Kunst, Tanz, Karneval und andere Formen geteilter Freude und fördern damit ein wachsendes spirituelles Pantheon. Gwladys Gambie belebt ebenfalls eine afrokaribische Gottheit und bekennt sich damit nachdrücklich zur Souveränität anzestraler Glaubenswelten. Eustáquio Neves verarbeitet in seinem Werk ein tiefes Wissen um zeitgenössische afro-brasilianische religiöse Praktiken und lädt zu einer Anrufung der Ahn*innen ein, die auf das Candomblé zurückgeht. Geleitet von einem Verantwortungsbewusstsein um die Erinnerung zeichnet Charmaine Watkiss Kriegerinnen – Arbeiten, die die Macht der Pflanzen in der afrikanischen Diaspora vor Augen führen. Ana Beatriz Almeida bringt die westafrikanischen Griots ein: Geschichtenerzähler*innen, die eine Gemeinschaft spirituell bestärken. Ähnlich gelagert sind Werke, die einer selbstbestimmten, affirmativen Karnevalskultur angehören, etwa von Demond Melancon von den Young Seminole Hunters.

Jenseits atlantischer Geografien entwirft Li Jiun-Yang eine Fantasiewelt aus Elementen der taiwanesischen Folklore der vergangenen Jahrhunderte, die sich schon damals so eigensinnig wie selbstbewusst dem Herrschaftsanspruch des kaiserlichen Chinas entzog. Rotimi Fani-Kayode (1955–1989) griff auf vorkoloniale westafrikanische Auffassungen von Geschlecht und Sexualität sowie auf einschlägige Gottheiten zurück, um zu Beginn der HIV/Aids-Pandemie in den 1980er Jahren eine dissidente Identität und einen Umgang mit der Krankheit zu finden. Quilombistisches Denken wird in der Ausstellung in diesem Sinn als ein Prozess der Emanzipation und Aufhebung von Beschränkungen auch des Geschlechts oder anderer Formen von Körpernormativität verstanden – nicht zuletzt im Dialog mit einer Geschichte, die die Magnus Hirschfeld Bar im HKW mit ihrem Namen in Erinnerung ruft: Sie befindet sich an der Stelle, wo 1919 Hirschfelds Institut für Sexualwissenschaft gegründet und später von den Nationalsozialisten zerstört wurde. In der Arbeit von Fani-Kayode, aber auch in der von Joshua Serafin spielt das *Queering* eine befreiende Rolle: Beide gehen ähnlichen Wurzeln in ihrer philippinischen Heimat nach, wenngleich zwischen Serafin und Fani-Kayode vier Jahrzehnte der queeren Revolution liegen.

Das Interesse am Körper und an kollekiver Körperschaft als einem kultischen Ort des Widerstands ist einer der wichtigsten Themenstränge von *O Quilombismo*. Die Kraft weiblicher Energie zeigt sich in den großformatigen Malereien von Hayv Kahraman und schafft im Sylvia Wynter Foyer eine weitere Ebene der Repräsentation: eine Willkommensgeste, die den Eingang zur Ausstellung mit Leben füllt. Diana Ejaitas Arbeit bevölkert eine große Zwischenwand mit Illustrationen von Körpern als Brücken zu einer spirituellen Welt westafrikanischer Erzählungen. Auch Lizette Nin wartet mit einer Geschichte auf, derzufolge die Saat für eine neue Ökonomie der *quilombos* zwischen Haaren verborgen ist. Lisa Hilli nimmt auf die Mode Bezug, um den Stellenwert von Frauen in den antikolonialen politischen und kulturellen Bewegungen von Melanesien zu erkunden, wo einige der radikalsten Experimente mit neuen Gesellschaftsformen ihren Lauf nahmen – bar jeglicher Parameter der Kolonisator*innen. Carol Barreto befasst sich aus feministischer und antirassistischer Perspektive mit Mode und bringt die Stärke der Frauen in den heutigen *quilombos* im Zuge der Textilherstellung zur Geltung. Bruno Zhu geht von Kleidung als einem Mittel zur Verhüllung und Entblößung aus. Er erzeugt seine eigenen, totemartigen Figuren, die denen von Fani-Kayode oder Serafin durchaus ähneln, sich aber aus Elementen einer queeren Mythologie auf der Höhe der Zeit zusammensetzen.

Im Kern ging und geht es beim quilombistischen Projekt um eine Affirmation und Feier des Lebens, um die Aussicht auf ein Dasein in Würde und die Freude darüber, sie als selbstverständlich voraussetzen zu können. So steht auch im Zentrum von *O Quilombismo* eine digitale Präsentation von Werken aus dem Museu de Arte Negra (1950 vom Teatro Experimental do Negro mit Abdias Nascimento gegründet). Sie veranschaulicht anhand einer Schwarzen Alltagswelt das im Untertitel dieser Ausstellung referenzierte Beharren. Daran knüpfen Werke von Maria Auxiliadora an, in denen sie den Schwerpunkt auf das Gärtnern und die lebensspendende Kraft setzt, die von der Kultivierung des Bodens nach eigenen Regeln ausgeht. Kaylene Whiskey entwirft Frauenwelten eines fröhlichen Widerstands aus ihrer Heimat Yankunytjatjara im heute so genannten Australien in Gestalt globaler Ikonen der Popkultur. Mallica „Kapo“ Reynolds (1911–89) erweckt einen spielerischen Moment im Wald von Jamaika zum Leben, während Laeïla Adjovi Berichte aus zeitgenössischen *quilombos* beisteuert.

Die Philosophie des Quilombismo erschließt ein umfassenderes epistemisches Gelände für pluriversale Ansätze einer Museumspraktik, die in der Lage ist, Erfahrungsmodelle zu ent-universalisieren und Kultur zu bewahren, Möglichkeiten zur Reparation von Ungleichheit aufzudecken und sich auf Kultur als ein lebendiges Tun einzulassen. Vom Museu de Arte Negra und seinem Anspruch, entschlossen dem Rassismus und der Unsichtbarkeit afro-brasilianischer Kultur in den Museen entgegenzutreten, bis zur zeitgenössischen, 2020 von afro-uruguayischen Frauen gegründeten Initiative El Museo Afroviviente der Gruppe Hermosa Intervención, die Geschichten historisch ausgeblendeter Frauen der afrikanischen Diaspora erzählt, greifen Künstler*innen in den erstarrten Museumsbetrieb ein. Damit verschaffen sie sich den nötigen Raum, um die Beschränkungen zu überwinden, die allzu oft Teil ihrer Alltagserfahrung sind. Einen ähnlichen Ansatz verfolgen auch weitere Werke dieser Ausstellung. So holt Assaf Gruber in Museumsdepots verborgene Kunst aus ihrer Grabesruhe. Tuli Medkondjo und Glicéria Tupinambá lassen Werke wiederentstehen, die von kolonialen Museen entwendet wurden, und gestalten Akte der Rückgabe an die Gemeinschaften, von denen sie stammen: die Aawambo in Namibia und die Tupinambá in Serra do Padeiro, Bahia, Brasilien. Aus derselben Geisteshaltung heraus präsentiert O *Quilombismo* Ansätze dazu, wie die Funktionen der Geschichtsschreibung und fürsorglichen Dokumentation außerhalb des kolonialen Vermächtnisses von Museen erfüllt werden könnten.

Die Ausstellung bezieht verschiedene Generationen ein und präsentiert historische Schlüsselwerke, anhand derer sich intellektuelle wie politische Genealogien Schwarzer Macht und ihrer Affirmation auf dem amerikanischen Kontinent kartieren lassen. Denn jede dieser Traditionen hat ihren Niederschlag in Bildwelten und -bezügen gefunden. Neben den schon genannten Künstler*innen steht Albert Artwell (1942–2018) für einen solchen entscheidenden Moment im blühenden Kulturgeschehen Jamaikas, das von der Bewegung um Marcus Garvey bis zum religiösen äthiopischen bzw. Rastafari-Revivalism reicht – beide Strömungen haben die Befreiung der Schwarzen und das afrikanische Erbe gegen die britische Kolonialherrschaft in Stellung gebracht. Eine gleichermaßen diskursive wie ästhetische Erkundung, die in neu abgesteckten spirituellen Horizonten gründete und sich über Jahrzehnte erstreckte, zieht sich durch diese Werke. Artwell selbst bringt panafrikanische, transatlantische Verbindungen aus dem 20. Jahrhundert und dem Zeitalter der Befreiungskämpfe ins Spiel – hier im Dialog mit einem weiteren Werk von Nascimento, das als Solidaritätsbekundung mit dem Freiheitskampf der angolanischen Bevölkerung entstand. Jasmine Thomas-Girvan trägt mit ihrer zeitgenössischen Sicht und ausgehend vom Werk von Fitz Balantine Pettersburg einen weiteren Erzählstrang zu diesem Tableau Schwarzer Geschichte bei.

Die *quilombos*, auf denen Nascimentos Denken gründete, waren von jeher plurale politische Gebilde, in denen Art und Weise des Zusammenlebens, gemeinsame Glaubenshorizonte und ästhetische Paradigmen zwischen Menschen unterschiedlicher Hintergründe und Herkunftsländer ausgehandelt wurden. Darunter befanden sich Schwarze, die bereits in Amerika zur Welt gekommen waren, europäische Flüchtlinge wie Jüd*innen von der Iberischen Halbinsel, aber auch etliche von den Kolonisatoren vertriebene Menschen indigener Nationen in Nord- und Südamerika. Um das vielfältige Erbe quilombistischen Lebens nachzuzeichnen, arbeitet die Ausstellung mit Künstler*innen verschiedenster Herkünfte, die Anspruch auf eine indigene Sicht der

Welt erheben. Bernardo Oyarzún knüpft an Mythen der Mapuche an; Nikau Hindin erweckt in Aotearoa/Neuseeland die von den Māori erfundene Kunst der Stoffherstellung aus Baumrinde zu neuem Leben; Celia Vasquez Yui nimmt die Perspektive der Shipibo ein und versammelt ein Parlament von mehr-als-menschlichen Wesen – mit Anklängen an die Leinwandrolle, die Truong Cong Tung von einer Termitenkolonie bearbeiten ließ.

Nach wie vor prägt die schöpferische Kraft des quilombistischen Prinzips zeitgenössische politische Debatten und Kämpfe. In der Ausstellung fordert Olu Oguibe dazu auf, zentrale Themen der Gegenwart anders in den Blick zu nehmen – indem er sie auf der symbolisch höchsten politischen Diskursebene platziert: an den Fahnenmasten auf dem Dach des HKW direkt gegenüber dem Sitz der mächtigsten Institutionen im Land, die sich hier in einer protzigen urbanen Choreografie aneinanderreihen. Ange Dakouo wiederum verwebt große Stoffbahnen aus Zeitungen, die unter anderem an die schützenden Amulette der Donso in Mali erinnern. Die Künstlerin und Aktivistin Zica Pires setzt aus Sicht einer jüngeren Generation auf Kontinuitäten, um die erneuernde Kraft der Kunst für das politische Ringen ihrer Community – des *quilombo* Santa Rosa dos Pretos – um Selbstbestimmung zu nutzen. Sawangwongse Yawnghwe behandelt die jüngsten Aufstände in Myanmar nach der Machtübernahme des Militärs. Er erkundet die politische, wirtschaftliche und kulturelle Gemengelage im dortigen Shan-Staat sowie darüber hinaus in anderen Bergregionen des kontinentalen Südostasiens, wo es den Menschen immer wieder gelang, sich staatlicher Kontrolle zu entziehen. Durch mehrere Flure im HKW hallt ein Lied über den Widerstand gegen das Kastenwesen in Indien, das von Anand Patwardhan als Anklage gegen dieses unmenschliche Gesellschaftssystem filmisch dokumentiert wurde.

Indem die Ausstellung Räume der Gastfreundschaft und Performativität schafft, ist sie zugleich Teil des Bestrebens, sich eine neue Vorstellung von diesem Haus zu machen und eine andere Willkommenspolitik anzubieten. Aus diesem Geist heraus wurden die Künstler*innen zu Interventionen in die vorhandenen Räumlichkeiten innerhalb und außerhalb des Gebäudes eingeladen, um unpersönliche Orte oder solche, die nur als anonymer Durchgangsbereich dienten, umzugestalten und sich kreativ anzueignen. Georgina Maxim verschönert als Einladung an das Publikum die Säulen im Eingangsbereich und verwandelt – gemeinsam mit Alberto Pittas überbordender Wandmalerei – die graue und anonyme, moderne Symmetrie der Fassade in einen sinnlichen, Geschichten erzählenden Pfad. Beim Betreten des Hauptfoyers, das zu einem konvivialen Raum und einer Oase der Erholung umgestaltet wurde, begegnen die Gäste an den Säulen hennagefärbten Geweben aus Wolle und Metallfäden von Amina Agueznay. Eine weitere Umdeutung erfährt dieser Ort durch ein lebendiges Forum politischer Affirmation im Werk von Barby Asante. Zu guter Letzt stiftet Temitayo Ogunbiyi in einem umgenutzten Außenbereich des Hauses einen Treffpunkt, indem sie für die Berliner*innen und die Lebewesen rund um die Spree eine Sitzgruppe, verbunden mit einer Klanginstallation, gestaltet.

Cosmin Costinaş und Paz Guevara

Werke in der Ausstellung

Anna Seghers & Semra Ertan Gärten

S. 38 María Magdalena Campos-Pons
S. 40 Adama Delphine Fawundu
S. 44 Alberto Pitta
S. 46 Georgina Maxim
S. 48 Ibrahim Mahama

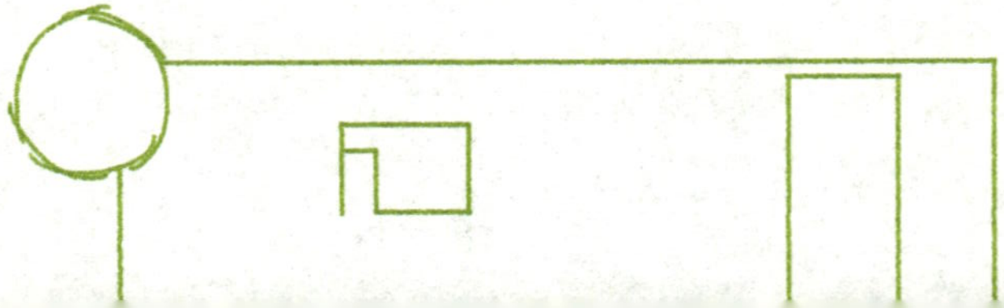

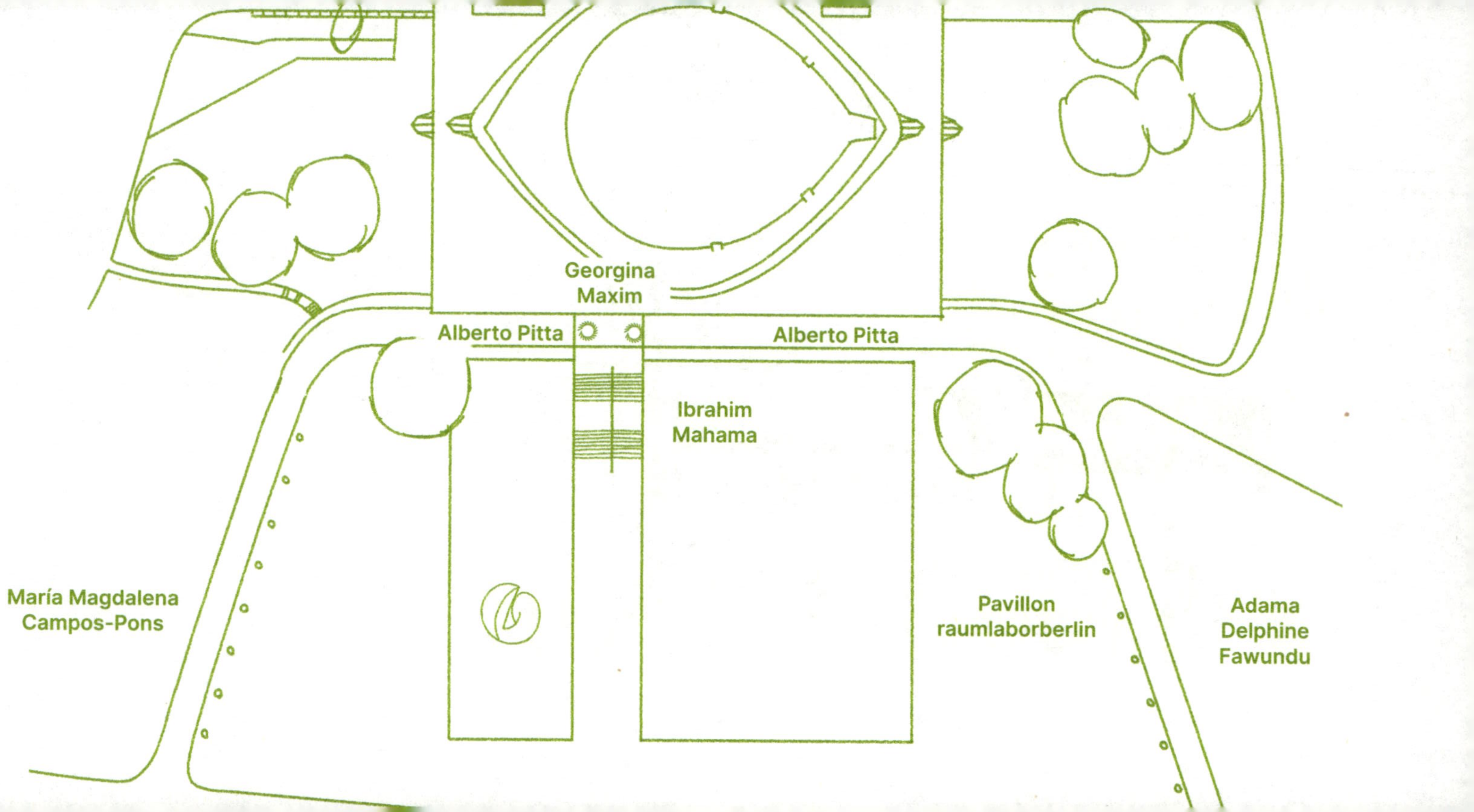
Georgina
Maxim
Alberto Pitta
Alberto Pitta
Ibrahim
Mahama
María Magdalena
Campos-Pons
Pavillon
raumlaborberlin
Adama
Delphine
Fawundu

María Magdalena Campos-Pons

Adama
Delphine
Fawundu

Ibrahim Mahama

1959, Matanzas, Kuba,
lebt in Nashville, USA

María Magdalena Campos-Pons

María Magdalena Campos-Pons verbindet Welten. Aus einem kubanischen Kontext heraus bezieht sie sich auf ihre Yoruba- und chinesischen Wurzeln, würdigt afrokubanische und diasporische Kulturen und betont dabei immer auch die Komplexität einer Gesellschaft verschiedener historischer Schichten. Unter Rückgriff auf Erzählungen und Wissen, das sowohl in ihrer Familie als auch in Archiven bewahrt und weitergegeben wurde, verschränkt sie Geschichte(n) aus persönlicher, generationenübergreifender und sozialer Warte. Ihre Arbeiten eröffnen einen Dialog mit jenen Generationen von Afrikaner*innen, die wie ihre Vorfahren auf den Zuckerrohrplantagen in Kuba arbeiteten und sich ihrer Versklavung durch spirituelle und kulturelle Praktiken wie Santería widersetzten, der afro-kubanischen Religion, die den Glauben der Yoruba lebendig hielt. Mit ihrem Ansatz, eine „gefühlte Geschichte" zu erzählen, zeigt die Künstlerin Anteilnahme und Verständnis in diesen zerrissenen Zeiten: Für den Haupteingang des HKW hat Campos-Pons eine Serie von Fahnen entworfen, die mit den wehenden Symbolen der Orishas Besucher*innen willkommen heißen. Beginnend mit der Fahne von Oshun, dem Orisha des Flusses, der mit Weiblichkeit, Fruchtbarkeit, Schönheit und Liebe assoziiert wird, verstehen sich die Fahnen als Einladung, sich auf die verschiedenen Farben einzulassen, die den spirituellen Schutz der Orishas symbolisieren, und mit ihnen zusammen Welten der Konvivialität, Heilung, Toleranz, des Respekts und der Freude zu feiern. —PG

In Auftrag gegeben vom Haus der Kulturen der Welt (HKW), produziert von María Magdalena Campos-Pons und HKW, 2023

When We Gather, Performance von María Magdalena Campos-Pons, Baba Murah & Ensemble, Forum Brasil und Ilê Obá Sileké, Candomblé Haus in Berlin und Rasiel Almanza Cairo am Freitag, 2. Juni, 16:30, siehe S. 259.

Ausschnitt

Werk in der Ausstellung:
Prayer Flags (2023), Installation aus acht Fahnen, Drucke auf Stoff, je 235 × 150 cm
Courtesy María Magdalena Campos-Pons

Ausschnitt

Adama Delphine Fawundu

1971, Brooklyn, New York City, USA, lebt dort

Adama Delphine Fawundus Familiengeschichte lässt sich über mehrere Generationen nach Äquatorialguinea und Mano, einer kleinen Insel vor der Küste Sierra Leones, zurückverfolgen. Die Farbe Blau – charakteristisch für ihre Arbeit – spielt auf Wasser und Flüsse an, die viele Zeitalter überdauert haben. Wasser ist für sie das Element, das die Lebewesen mit dem Universum, aber auch mit der Geschichte und den Geschichten des menschlichen Lebens über verschiedenste Geografien hinweg verbindet. Mit ihrer Installation von 16 Flaggen in der Auffahrt des HKW knüpft Fawundu eine poetische Verbindung zwischen ihrer Arbeit und der Geschichte, Entstehung und Positionierung der ehemaligen Kongresshalle. Sie sieht diese Flaggen „im Tanz mit unseren Vorfahren“ verbunden, als „Erd- und Universums-Energien, die uns einen Weg in die Zukunft weisen“. Die Künstlerin verwebt wiederkehrende traditionelle westafrikanische Symbole und Materialien und betont so die Verwurzelung in einem Wissen, das sich mit aktuellen Kämpfen auseinandersetzt und dabei hilft, ein Bollwerk gegen Meistererzählungen der Hierarchie und Unterdrückung zu errichten. —MHP

In Auftrag gegeben vom Haus der Kulturen der Welt (HKW), produziert von Adama Delphine Fawundu und HKW, 2023

Werk in der Ausstellung:
When the Spirits Dance **(2023), Installation aus sechzehn Flaggen auf acht Masten, bedruckte Textilien, je 100 × 260 cm**
Courtesy Adama Delphine Fawundu

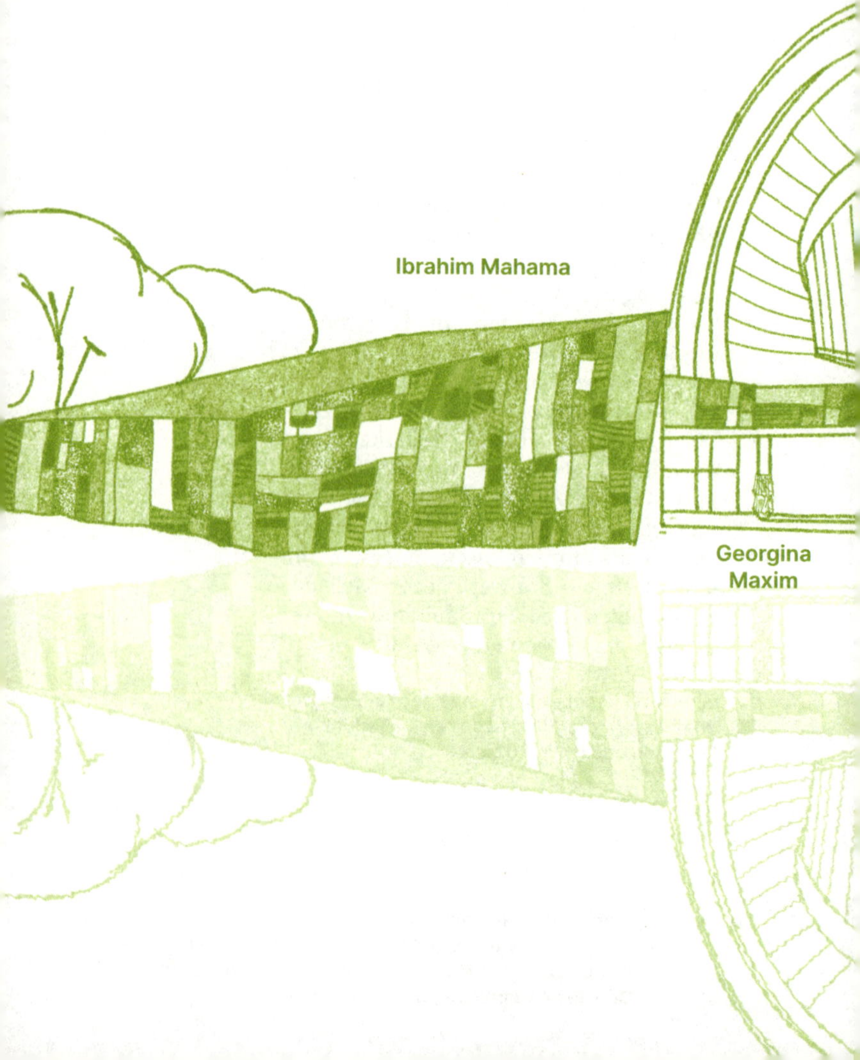
Ibrahim Mahama
Georgina
Maxim

Alberto Pitta

Arbeit in Vorbereitung. Fotos: Jeferson Lima

1961, Salvador de Bahia,
Brasilien, lebt dort

Alberto Pitta

Seit den späten 1970er Jahren kreiert Alberto Pitta Textilien, die die afro-diasporische Kultur in Brasilien feiern. Mit seinen überschwänglich bedruckten Stoffen liefert er einen wichtigen Beitrag zur afro-bahianischen Ästhetik, die mit Stickmotiven, spirituellen Symbolen der diasporischen Candomblé-Religion und Dokumentarfotografie dem Karneval ein ganz eigenes Gepräge gibt. Nicht von Ungefähr würdigen Pittas Stoffe oft afro-bahianische Meister wie den Künstler und Candomblé-Priester Mestre Didi. In seinem Atelier in Bahia hat Pitta die Kostüme für alle Prozessionen der „Afro Blocks" entworfen, der afro-bahianischen Karnevalsvereine, die während des Karnevals durch die Straßen der Stadt ziehen. Der Künstler beruft sich auf die „Geschichten, die Textilien erzählen können", um Kulturen zu retten, zu bewahren, zu überliefern und neu zu beleben, aber auch als Mittel zur Selbstbestätigung und Befreiung vom Rassismus. Für *O Quilombismo* hat Pitta eine Reihe von Stoffen hergestellt, die eine visuelle Erzählung entlang der Fassade des Hauses entfalten. Die eine Seite des Kunstwerks begrüßt die Besucher*innen in der Welt von Ogum, einer Yoruba-Gottheit des Candomblé, die als Wegbereiter gilt und bis heute von quilombistischen, antikolonialen Communitys verehrt wird. Die andere Seite zeigt die Gemeinschaftsbauten der heutigen *quilombos* in Bahia. Voller Stolz errichtet, kündigen sie die kommenden Geschichten des HKW an, das als Haus der vielen Häuser wiedereröffnet. —PG

In Auftrag gegeben vom Haus der Kulturen der Welt (HKW), produziert von Alberto Pitta und HKW, 2023

Werke in der Ausstellung:
Ogum que são sete **[Ogum, die Sieben sind] (2023);** ***Moradismo: estéticas de quilombo*** **[Moradismo: Ästhetik des** ***quilombos*****] (2023); Wandmalerei, zwei Serigrafie-Serien auf Leinwand, vierzehn Siebdrucke, je 345 × 300 cm. Courtesy Alberto Pitta**

Arbeit in Vorbereitung. Fotos: Tatenda Gora

1980 in Harare, Zimbabwe,
lebt dort

Georgina Maxim

Im gerade unabhängig gewordenen Simbabwe aufgewachsen, entwickelte Georgina Maxim eine künstlerische Praxis, die sich der Wiederbelebung von Erinnerungen und dem kollektiven Aufschreiben von bisher unerzählt gebliebenen Geschichten widmet. Zunächst um das enge Band zu ihrer verstorbenen Mutter zu stärken, dann als Werkzeug, um geschichtliche Fäden aus Vergangenheit und Zukunft zu knüpfen. Maxim vernäht Textilien aus Simbabwe mit der Kleidung verschiedener Menschen zu Wandteppichen, die Zeugnis von ihrer Zeit ablegen, aber auch metaphorisch für die Vergänglichkeit des Lebens und die fragile Präsenz des Menschen auf dieser Erde stehen. Die in den Traditionen des afrikanischen Kontinents und der ganzen Welt zu findenden Praktiken des Nähens und Webens gehen oft mit der Herstellung von Kleidungsstücken mit symbolischer Bedeutung einher, die in Initiationsritualen oder anlässlich von Übergängen wie Geburt, Heirat oder Tod verwendet werden. Hände, die mittels solcher Praktiken Erinnerungen verweben, müssen sorgfältig, geduldig und widerstandsfähig sein. Als Beitrag zur physischen Umgebung des HKW und zu den kollektiven Erinnerungen, die von *O Quilombismo* aufgeworfen werden, drapiert Maxim zwei der Säulen am Haupteingang mit ihren majestätischen Wandteppichen, und damit auch mit der Sorgfalt, Liebe und Widerstandsfähigkeit, die in ihnen stecken. —MHP

In Auftrag gegeben vom Haus der Kulturen der Welt (HKW), produziert von Georgina Maxim und HKW, 2023

Werke in der Ausstellung:
Borrowed books and underlined statements I **(2023), Textilarbeit, 325 × 270 cm;** ***Borrowed books and underlined statements II*** **(2023), Textilarbeit, 214 × 315 cm. Courtesy Georgina Maxim**

1987, Tamale, Ghana,
lebt dort

Ibrahim Mahama

Seit einem Jahrzehnt gilt Ibrahim Mahamas Interesse Objekten, die im Verfall begriffen sind. Über deren Bearbeitung untersucht er Themen wie Migration, Globalisierung und Handel im Kontext der ghanaischen Geschichte. Die Materialien seiner großformatigen Installationen stammen aus dem Stadtraum, von Schrottplätzen oder aus verlassenen Gebäuden. Es kann sich um Holzstücke, Metallschrott, Jutesäcke oder historische Textilien handeln, in denen zum Schweigen gebrachte Stimmen durch die Erinnerung an ihre Geschichte neu zur Geltung kommen. Die in der Produktion der skulpturalen Wandteppiche *E PAIN ME* und *IN THE GARDEN* verwendeten Stichtechniken sind von traditionellen, in Westafrika weit verbreiteten Webpraktiken inspiriert. Mahamas Leinwände der Erinnerung setzen einen poetischen Prozess der Heilung in Gang und verschaffen dem heutigen Publikum Zugang zu dem in diesen Stoffen gespeicherten Wissen. Schrottplatzbesitzer*innen, die verrottende Dinge sammeln, Weber*innen, die der Künstler als Mitgestalter*innen einlädt – sie alle tragen zu Arbeiten bei, deren Essenz im gemeinschaftlichen Ansatz liegt. Mahama legt großen Wert auf die Weitergabe von Fertigkeiten und Erinnerungen im Rahmen des künstlerischen Schaffensprozesses. Er möchte Paradigmenwechsel bei Bildung und Wissenstransfer in Gang setzen und zugleich eine kollektive Neuschreibung von Geschichte evozieren. —MHP

In Auftrag gegeben vom Haus der Kulturen der Welt (HKW), produziert von Ibrahim Mahama, Red Clay Studio, Tamale, und HKW, 2023

E PAIN ME. Fotos: Ibrahim Mahama

Werke in der Ausstellung:
E PAIN ME (2023), Installation, historische handgewebte Stoffe, Kunstfaser, 20 × 30 m (Les Nana Benz Terrasse); *IN THE GARDEN* (2023), Installation, historische handgewebte Stoffe, Kunstfaser, 19,6 × 4,5 × 19,1 × 9,1 m (Anna Seghers & Semra Ertan Gärten). Courtesy Apalazzo Gallery, White Cube Gallery und Red Clay Studio Tamale

Sylvia Wynter Foyer

S. 56 Tanka Fonta
S. 58 Amina Agueznay
S. 60 Nikau Hindin
S. 62 vanessa german
S. 66 Barby Asante
S. 68 Hayv Kahraman

Tanka Fonta

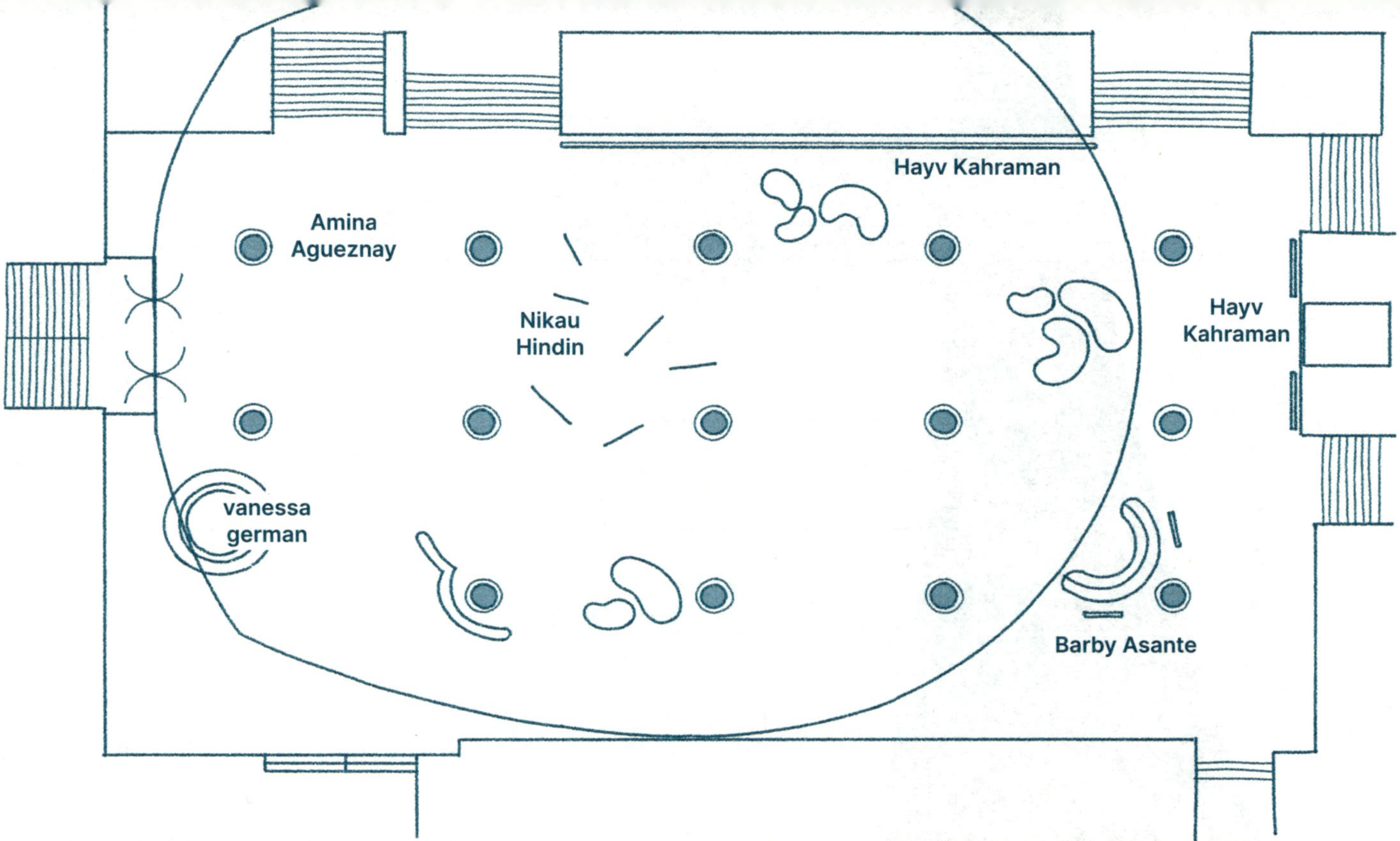
Hayv Kahraman
Amina Agueznay
Nikau Hindin
Hayv Kahraman
vanessa german
Barby Asante

Tanka Fonta
Amina
Agueznay
vanessa german
am Counter

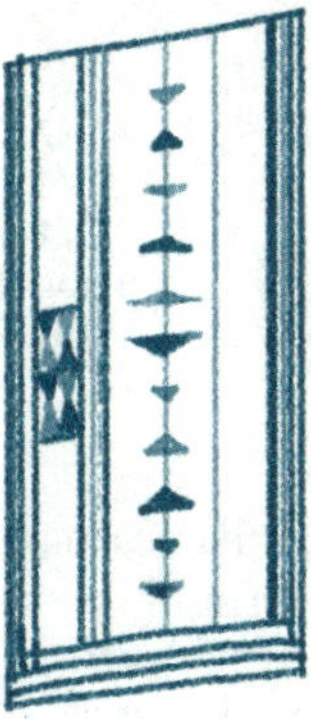

Nikau Hindin

Tanka Fonta

1966, in Buea, Kamerun, lebt in Berlin, Deutschland

Tanka Fonta ist Komponist, Künstler, Autor, Performer, Instrumentalist, Dichter und forscht zu afrikanischer Musik. Er beherrscht verschiedene musikalische Idiome und Genres und integriert in seine Arbeiten häufig Themen und Motive aus verschiedenen Musikkulturen der Welt. Wie diese in seinen Werken und seinen kompositorischen Ausdrucksformen zusammenfließen, beschreibt er wie folgt:

„Die entstehende Wandarbeit im HKW ist eine Bild-Klang-Komposition aus neun thematischen Sätzen, die in evokativen symbolischen Sprachen als visuelle, auditive und poetische Spuren orchestriert sind. Sie integriert und aggregiert die nonverbalen Sprachen verschiedener Sphären der Intuition, der Empfänglichkeit, des nicht-visuellen Bewusstseins und der Sensibilität, indem sie sich mit den sichtbaren und unsichtbaren Phänomenen jenseits des analytischen Denkens und der erlernten Sprachen beschäftigt. Wir laden die Besucher*innen ein, sich auf die immersive Sprache der suggestiven Geheimnisse und des Rauschens des Kosmos einzulassen, sie zu erforschen und sich in ihr zu verlieren. Das Wandbild ist eine künstlerische Erzählung in visueller und akustischer Form, die alternative nicht-westliche philosophische Untersuchungen aus der Tiefe der Zeit ebenso einbezieht wie die kollektiven Geschichten einer gemeinsamen Menschheit, ihrer Reisen und Erfahrungen."

Eine orchestrierte Hymne führt die Besucher*innen akustisch durch Fontas bildliche Reise und vervollständigt so das Werk. —MHP/TF

In Auftrag gegeben vom Haus der Kulturen der Welt (HKW), produziert von Tanka Fonta und HKW, 2023

***The Dawn Incantations III*, Sound Performance von Tanka Fonta mit Eden Meier und Saliou Cissokho am Samstag, 3. Juni, 15:00, siehe S. 264.**

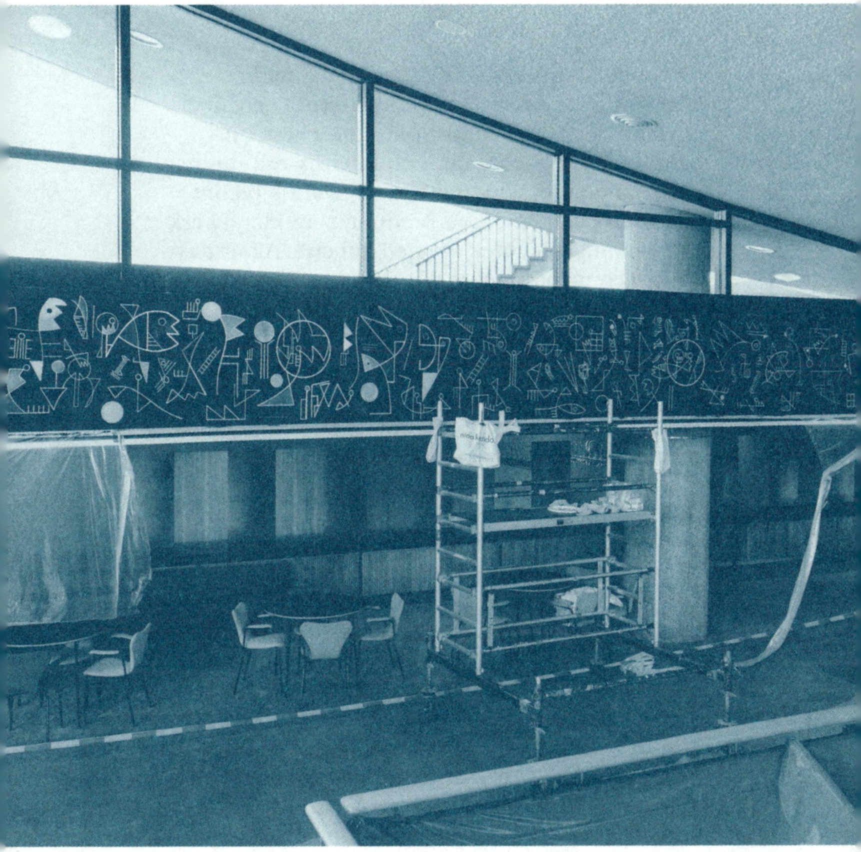

Ausschnitt. Sylvia Wynter Foyer
Foto: Alexander Steffens/HKW

Werk in der Ausstellung:
The Cosmogenic Interconnectedness 'How Did We Talk Before the Roman Alphabet?' The Picto-Sonic Dialogues I, Wandmalerei (2023), variable Maße, in neun Sätzen: *The Cosmogenic Interconnectedness 'How Did We Talk Before the Roman Alphabet?' The Picto-Sonic Dialogues I; Epistemic Interrelatedness I: 'I Have Eaten of the Sun II'; To This Earth We All Belong: 'Di Kontri Meeting II'; There Never Was a Beginning Nor an Ending; Dictionary of Non-Time, Time Transcoders & Transformers; Vibrations of Memory & Deep Time: 'The Meditative Movements of Perception & Understanding'; The Thought Transformers I: Do I Need to Look Like You to Be Considered a Living Being; Has the Stream Flowed?; The Dawn Incantations I.* Courtesy Tanka Fonta

1963, Casablanca, Marokko, lebt in Marrakesch, Marokko

Amina Agueznay

Bevor sich Amina Agueznay der Kunst widmete, arbeitete sie als Architektin und erlernte nebenbei das Handwerk des Schmuckdesigns. Diese Entscheidung ermöglichte ihr, sich intensiv mit ihrem Heimatland zu beschäftigen, wo – wie sie betont – alle Menschen eine „Verbindung zum Handwerk und zu handgemachten Dingen haben". Agueznay befasst sich insbesondere mit dem immateriellen Kulturerbe Marokkos. Sie leitete zahlreiche Workshops, in denen sie unter anderem mit Weber*innen, Schreiner*innen, Ledermacher*innen und Korbmacher*innen zusammenarbeitete. Auch all ihre künstlerische Projekte sind Gemeinschaftsunternehmungen, die sie mit einem Team von Handwerker*innen in Angriff nimmt, von der Konzeption bis zur Umsetzung. Die Arbeiten spielen oft mit Größe, Volumen und Materialität, oszillieren zwischen den Maßstäben von Architektur und Schmuckdesign. Für ihre ortsspezifische Auftragsarbeit im Rahmen von O *Quilombismo* verwandelt Agueznay mehrere Säulen im Foyer in eine Oase des ruhigen Beisammenseins: Sechs Säulen streift sie ein spezielles Material über, gewebt aus Garn, das auf Metalldraht gesponnen wurde. Die luftig-leichte Arbeit erinnert auch an einen Pilz, der aus einem Baumstamm wächst, und bricht die Symmetrie der modernistischen Linien, die den Raum architektonisch bestimmen. Das Henna, mit dem die Wolle gefärbt ist, versteht sich als Schlüsselelement, das schützende und verheißungsvolle Eigenschaften hat – ein vielversprechender Anfang für diese Eröffnungsausstellung und die neue Ausrichtung des HKW. —EFB/CC

In Auftrag gegeben vom Haus der Kulturen der Welt (HKW), produziert von Amina Agueznay und HKW, 2023

Werk in der Ausstellung:
Assetta #2 **(2023), Textilarbeit, natürliches ungefärbtes und natürlich gefärbtes Wollgarn, Metalldraht, Baumwollfaden, Klebstoff, variable Maße. Courtesy Amina Agueznay**

Assetta (2016), Installationsansicht, Société Générale Atrium, Casablanca, 2016
Foto: Guy Thimel. Courtesy Société Générale

1991, Ngāpuhi, Te Rarawa, Tāmaki Makaurau [Auckland], Aotearoa/Neuseeland, lebt in Turanganui a Kiwa [Gisborne], Aotearoa/Neuseeland

Nikau Hindin

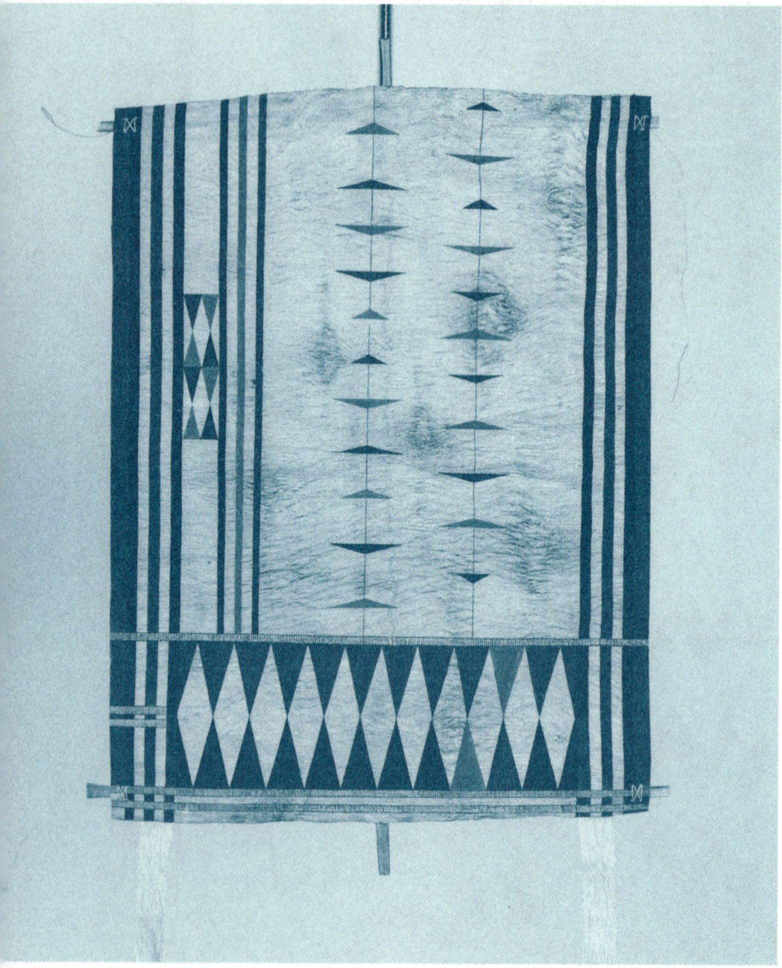

Ausschnitt. Foto: Seb Charles

Werk in der Ausstellung:
Manu Aute: Rere Runga Rawa. Ascend to the Higher Realms (2022–23), Drachen, verschiedene Naturmaterialien: Kōkōwai (Erdpigmente) auf Aute (Maulbeerbaumrindengewebe) mit Schlingpflanzen- und Schilf-Rahmen und Muka (Flachs)-Schnur mit Tikumu (Gänseblümchen), variable Maße. Courtesy Nikau Hindin

Ausschnitt. Foto: Holly Burgess

Nikau Hindin setzt sich für die Erneuerung der Tradition der Māori-Aute (Rindenstoff) in Aotearoa/Neuseeland ein. Dieser Naturstoff ist eine wichtige kulturelle Sprache im Pazifik, eine Kunstform und Technologie, die sich mit der Migration der austronesischen Vorfahren der Māori und anderer Völker im Pazifik und Indischen Ozean verbreitete. Wahrscheinlich brachten sie den Maulbeerbaum genau zu diesem Zweck aus ihrer ursprünglichen Heimat in Taiwan mit. Im Gegensatz zu anderen pazifischen Rinden-Traditionen wurde die von Hindin angewandte Technik in Aotearoa zuletzt vor mehr als einem Jahrhundert praktiziert, als der Papiermaulbeerbaum, Hauptquelle für die Rinde, unter dem Einfluss der kolonialen Ausbeutung von Land und Ressourcen fast ausgestorben war. Hindin, die auch andere Motive aus der Māori-Kultur sowie weitere Designs, Architekturelemente und Textiltraditionen in ihre Werke einbezieht, verwendet die Rinde als Instrument, um eine besondere indigene technologische Innovation zum Ausdruck zu bringen: die *manu*. Der Begriff bedeutet in der Sprache der Māori sowohl Drachen als auch Vogel, und während sie oft zum Zeitvertreib genutzt wurden, dienten sie auch der Wahrsagerei, der Kommunikation und als Wegweiser auf unbekanntem Terrain, auf dem zu siedeln sich lohnen könnte. —CC

In Auftrag gegeben vom Haus der Kulturen der Welt (HKW), produziert von Nikau Hindin und HKW, mit Unterstützung durch Creative New Zealand, 2023

1976, Milwaukee, USA,
lebt in den USA

vanessa german

vanessa german sucht als ‚citizen-artist' individuelle Verbindungen herzustellen, die auf den Moment bezogen sind – eine Person zu einer bestimmten Zeit. Zum Einsatz kommen dabei verschiedenste Techniken wie Skulptur, Performance, Installation, Community-Aktivismus und kollektive Rituale. *RELEASE* ist eine Einladung, ein Geschenk, das buchstäblich in Samen und ihr Wachstumspotenzial eingefasst ist. Nehmen Sie eine Karte und machen Sie einen Spaziergang durch und um das Haus. In germans Welt beginnt Heilung und Neubeginn ganz einfach: mit ein paar Schritten in eine Richtung, ohne vorgegebenes Ziel. Bei dieser „intimen Pilgerreise" können sich die Besucher*innen – ob allein oder gemeinsam – mit den Traumata der weiteren und näheren Umgebung auseinandersetzen: die Traumata der Erde, der Stadt, des Gebäudes, das das HKW beherbergt, und all der unzähligen Erfahrungen und Geschichten, die hier zusammenkommen – und einen Schritt in Richtung ihrer Auflösung machen. Was würde passieren, wenn wir zusammenkommen und uns an der Hand nehmen? Mit *Hand in Hand* stellt german eine täuschend einfache Frage und vertraut auf die Folgen dieser bescheidenen und doch so großherzigen Berührung: Freude, Unbehagen, ein Gefühl der Zugehörigkeit, Gnade, gemeinsames Atmen, gemeinsame Schritte, Staub unter unseren Füßen. —JW/A

In Auftrag gegeben vom Haus der Kulturen der Welt (HKW), produziert von vanessa german und HKW, 2023

RELEASE: a living ritual for letting go **und** ***Hand in Hand: a love poem for togetherness*** **von vanessa german im Eröffnungsprogramm, siehe S. 257, 263.**

Werke in der Ausstellung:
RELEASE: a living ritual for letting go **(2023), partizipative Performance / performative Partitur, Text gedruckt auf mit Blumensamen versetztem Papier;** ***Hand in Hand: a love poem for togetherness*** **(2023), partizipativer Spaziergang / kollaborative Performance. Courtesy vanessa german**

Blue Walk, The Union for Contemporary Art, 2019
Courtesy The Union for Contemporary Art

Blue Walk, The Frick, Pittsburgh, 2021. Foto: Heather Mull

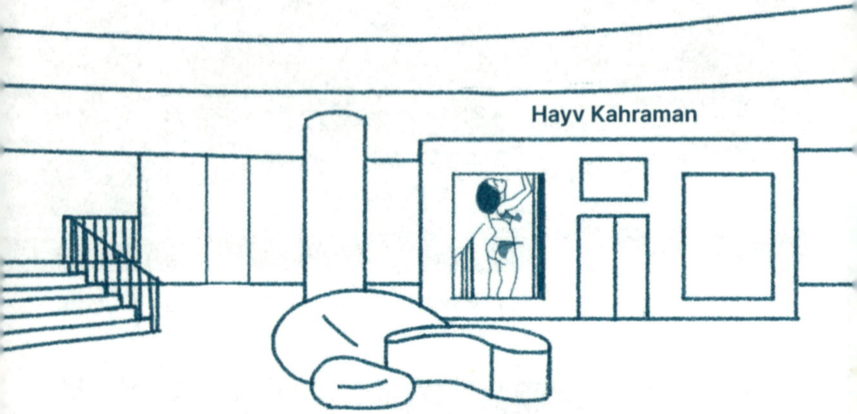
Hayv Kahraman

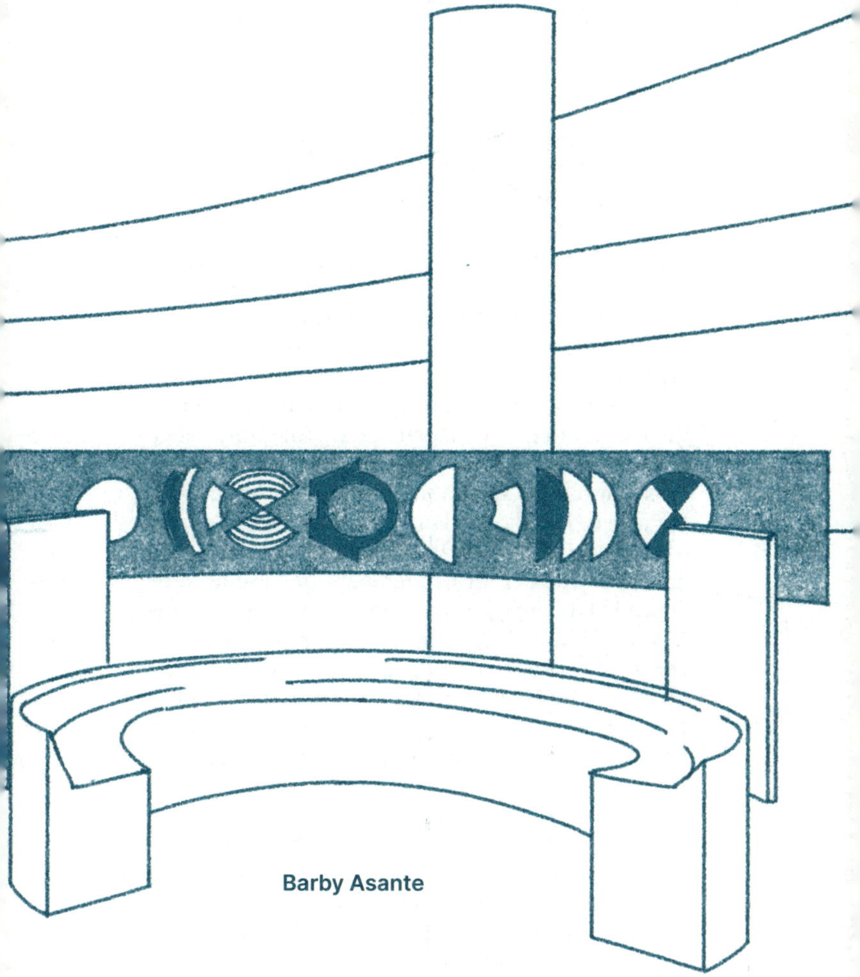

Barby Asante

1971, London, UK, lebt dort

Barby Asante

In ihrer künstlerischen Praxis greift Barby Asante auf alltägliche Methoden und Strategien der Dekolonisierung zurück, um sich mit der Frage auseinanderzusetzen, wie historische und private Ereignisse erinnert, falsch erinnert oder vergessen werden. In vielen ihrer Arbeiten entwickelt sie physische und affektive Räume zur kritischen Auseinandersetzung mit Geschichtspolitik und untersucht die Auswirkungen politischer Strukturen auf die Verarbeitung von Erinnerungen. Ihr Konzept einer ganzheitlichen, kollaborativen, performativen und dialogischen Praxis untermauert sie durch die Einladung anderer Menschen zur Mitarbeit. Für die fortlaufende Arbeit *Declaration of Independence* wurde ein physischer Raum nachgebildet, der an Konferenzräume erinnert, in denen Unabhängigkeitsverträge, Handelsabkommen, Manifeste und Gesetzgebungen verhandelt und verabschiedet werden. In dieser performativen Neuinszenierung wird der forumsartige Raum von Frauen of Colour bevölkert, die aktiv an der Produktion mitwirken. Zusammen bilden sie einen Chor, dessen Mitglieder mit persönlichen Berichten über das Erbe der Sklaverei und des Kolonialismus auf Ama Ata Aidoos Gedicht „As Always a Painful Declaration of Independence" aus dem Jahr 1992 reagieren. Die Stimmen werden in Videoinstallationen, Klangstücken und Live-Performances zusammengeführt, die die weltgeschichtliche Rolle von Frauen of Colour in den Mittelpunkt rücken, in einem kollektiven Akt des Lernens und Heilens. —AOW

Courtesy BALTIC Centre of Contemporary Arts, Gateshead

Die Performance *Declaration of Independence* findet am 12. August statt. Weitere Informationen auf www.hkw.de.

Declaration of Independence, Ausstellungsansichten, BALTIC Centre for Contemporary Art, Gateshead, 2019. Fotos: Colin Jones

Werk in der Ausstellung:
Declaration of Independence (seit 2017), Videoinstallation, Live-Performances und Klangstücke, 52' 26"

1981, Bagdad, Irak, lebt
in Los Angeles, USA

Hayv Kahraman

Das Werk der multidisziplinären Künstlerin Hayv Kahraman beleuchtet Identität, Erinnerung, Geschlecht und Exil. Unter Bezugnahme auf ihre eigene Geschichte kombiniert sie in Malereien und Skulpturen künstlerische Einflüsse aus Europa, Asien und dem Nahen Osten, um Handlungsfähigkeit und Körperpolitiken rund um den feminisierten Körper zu untersuchen. Kahramans Figuren verstehen sich nicht als Selbstporträts, sondern verkörpern die kollektiven Erfahrungen von Women of Colour infolge der Kolonisierung. Ihre Darstellung dieser Körper dekonstruiert europäische Ideale, entlarvt sie durch komplexe konzeptuelle und narrative Konstruktionen als vorurteilsbehaftet. Nicht zuletzt aufgrund einer speziellen Marmorierungstechnik zeichnen sich die Arbeiten durch eine Mehrdeutigkeit aus, die auf traditionelle ebenso wie auf moderne Muster Bezug nimmt und die wechselseitige Abhängigkeit zwischen den Figuren betont. Indem die Künstlerin anhand von feminisierten Figuren die Vergangenheit mit der Gegenwart verknüpft, verleiht sie in Form wie narrativem Gehalt einem kollektiven Bewusstsein Ausdruck. Das Ergebnis bietet eine Reflexion über den Körper als Objekt und Subjekt zugleich – und erkundet dabei Kommodifizierung, Überleben, Konfrontation und Heilung. —DMV

In Auftrag gegeben vom Haus der Kulturen der Welt (HKW), produziert von Hayv Kahraman und HKW, 2023

Werke in der Ausstellung:
ohne Titel (2023), Malerei, Öl und Acryl auf Leinen, 292,1 × 139,7 cm
ohne Titel (2023), Malerei, Öl und Acryl auf Leinen, 292,1 × 139,7 cm
ohne Titel (2023), Malerei, Öl und Acryl auf Leinen, 127 x 127 cm
ohne Titel (2023), Malerei, Öl und Acryl auf Leinen, 127 x 182,9 cm
ohne Titel (2023), Malerei, Öl und Acryl auf Leinen, 127 x 182,9 cm
ohne Titel (2023), Malerei, Öl und Acryl auf Leinen, 243,8 x 127 cm
ohne Titel (2023), Malerei, Öl und Acryl auf Leinen, 243,8 x 127 cm
ohne Titel (2023), Malerei, Öl und Acryl auf Leinen, 243,8 x 127 cm
Courtesy Hayv Kahraman und Pilar Corrias, London, Jack Shainman Gallery, New York und Vielmetter Los Angeles

ohne Titel, Öl und Acryl auf Leinen, 292,1 × 139,7 cm
Foto: Jeff McLane

Mrinalini Mukherjee Halle

S. 76 Nontsikelelo Mutiti
S. 78 Moisés Patrício
S. 80 Ange Dakouo
S. 82 Jasmine Thomas-Girvan
S. 86 Tuli Mekondjo
S. 88 Glicéria Tupinambá
S. 92 Eustáquio Neves
S. 96 Bastin Santan Diggekar, Shakirambi Ganishab Tattongi, Bibijan Babushab Gunjavathi, Badimabi Gafarsab Ugrani und Saidambi Imamasab Naik
S. 98 Demond Melancon
S. 100 Truong Cong Tung
S. 102 Celia Vasquez Yui mit Diana Ruiz Vasquez
S. 104 Bernardo Oyarzún
S. 108 Antonio Jose Guzman & Iva Jankovic
S. 110 Gwladys Gambie
S. 112 Li Jiun-Yang
S. 116 Masimba Hwati
S. 118 Grada Kilomba

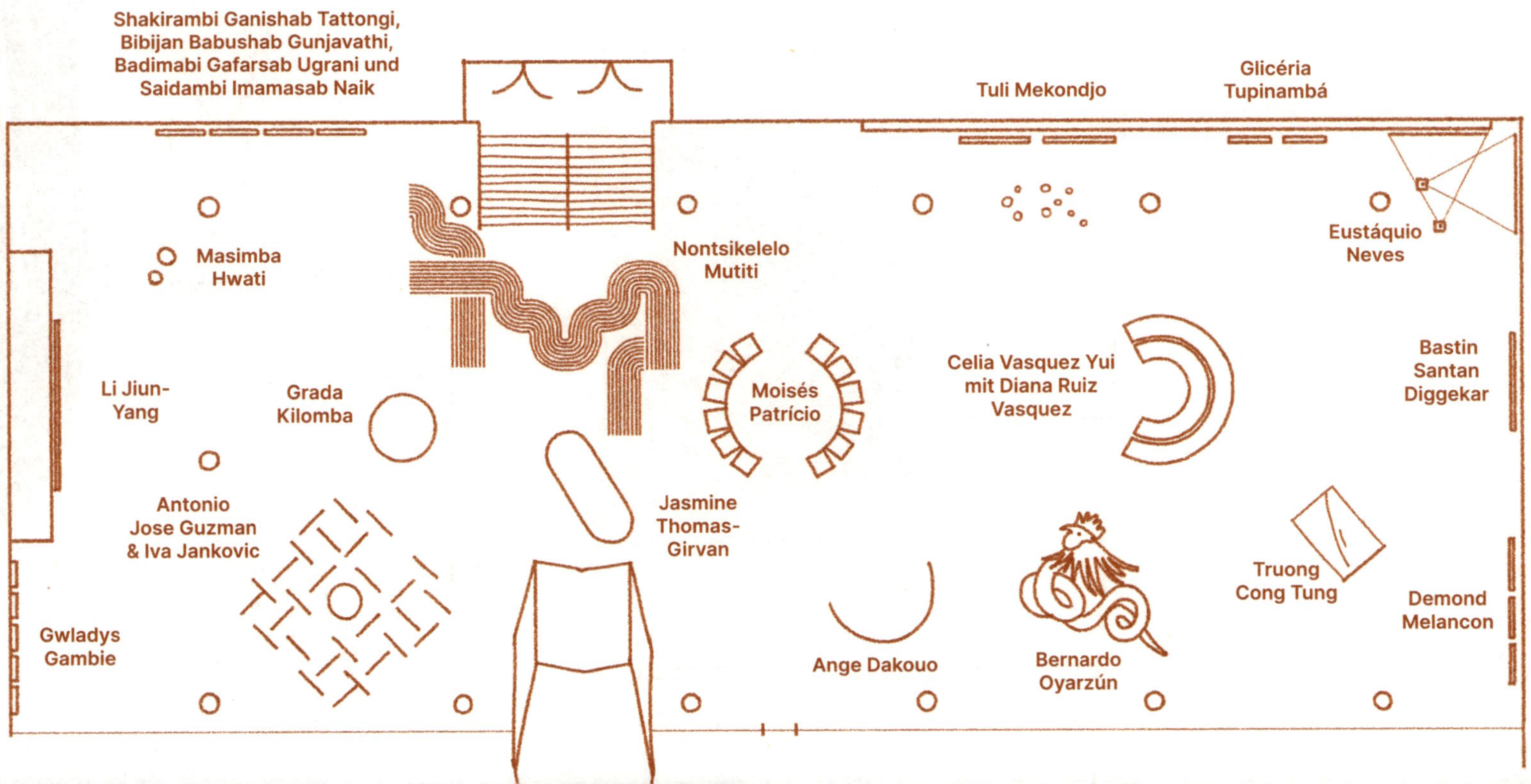
Shakirambi Ganishab Tattongi, Bibijan Babushab Gunjavathi, Badimabi Gafarsab Ugrani und Saidambi Imamasab Naik
Tuli Mekondjo
Glicéria Tupinambá
Masimba Hwati
Nontsikelelo Mutiti
Eustáquio Neves
Li Jiun-Yang
Grada Kilomba
Moisés Patrício
Celia Vasquez Yui mit Diana Ruiz Vasquez
Bastin Santan Diggekar
Antonio Jose Guzman & Iva Jankovic
Jasmine Thomas-Girvan
Truong Cong Tung
Demond Melancon
Gwladys Gambie
Ange Dakouo
Bernardo Oyarzún

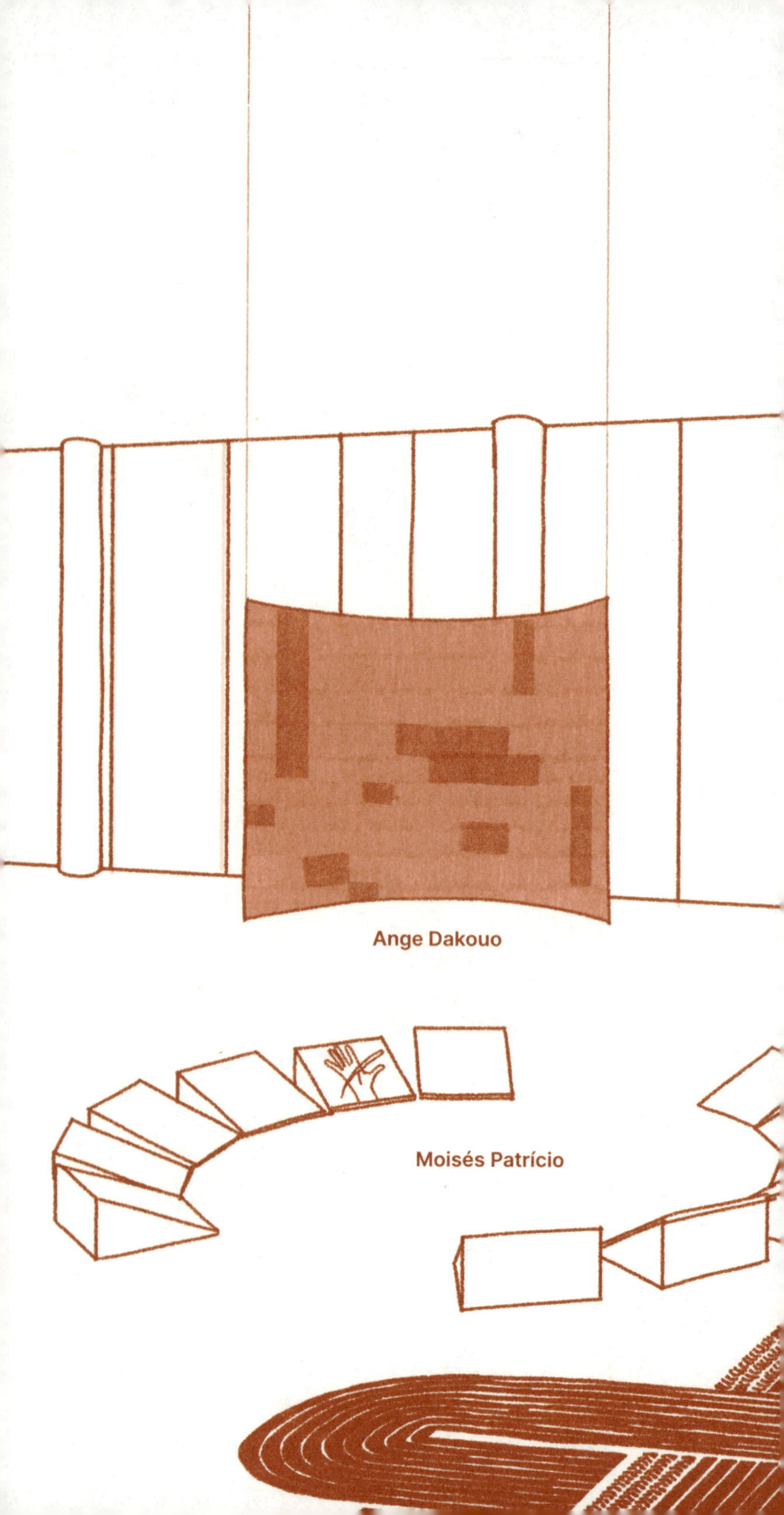
Ange Dakouo
Moisés Patrício

Jasmine
Thomas-Girvan
Nontsikelelo
Mutiti

Skizze zu *Kubatana (togetherness / unity / connecting / touching / holding)*

Harare, Zimbabwe,
lebt in New Haven, USA

Nontsikelelo Mutiti

Seit mehr als einem Jahrzehnt experimentiert die Künstlerin und Designerin Nontsikelelo Mutiti mit der afrikanischen Art des Haarflechtens als einer Kulturtechnik, die in spezifischer Ästhetik und Wissen wurzelt. Das Flechten ist eine althergebrachte Praxis, um soziale Rollen und Zugehörigkeit zum Ausdruck zu bringen, diente aber auch zur Erstellung geheimer Landkarten, die die Flucht aus der Versklavung ermöglichten – Haarsträhnen wurden zu politischen Routen der Emanzipation. In der Black-Power-Bewegung der 1960er Jahre wurden geflochtene Haare in der gesamten afrikanischen Diaspora zu einem Symbol für afrikanische Schönheit, Stolz und Selbstbestätigung, eine Sprache, die sich der Kolonisierung und erzwungenen Migration widersetzte. Mutitis Arbeiten, die auf Mustern und Wiederholungen basieren, greifen auf das mathematische Wissen des Flechtens zurück, um neue Muster und Rhythmen zu entwerfen, vergleichbar einem Akt algorithmischer Berechnung. Inspiriert von Friseursalons, in denen Braids geflochten werden – als Orten der Gemeinschaft, der Identität und der generationsübergreifenden Wissensweitergabe –, schafft Mutiti mit ihrer Arbeit einen öffentlichen Raum, in dem sich Menschen begegnen können. In die Ausstellungsräume des HKW interveniert sie mit einer Bodenmalerei, breitet Motive geflochtener Braids als Symbole der Befreiung aus. Damit legt ihre Arbeit ein neues Fundament und animiert das Publikum, die Muster zu dekodieren und Flechtpraktiken als Form des dynamischen Widerstands und der Lebensfreude zu feiern. —PG

In Auftrag gegeben vom Haus der Kulturen der Welt (HKW), produziert von Nontsikelelo Mutiti und HKW, 2023

Werk in der Ausstellung:
***Kubatana (togetherness / unity / connecting / touching / holding)* (2023), Bodenmalerei, Bodenfarbe und lasergeschnittene Schablonen**
Courtesy Nontsikelelo Mutiti

1984, São Paulo,
Brasilien, lebt dort

Moisés Patrício

Dass der Körper ein Ort des Diskurses und der Befragung ist, ist für Moisés Patrício, einen initiierten Candomblé-Priester, keine bloße Metapher: Er hat seine eigene Hand zu seinem wichtigsten künstlerischen und spirituellen Medium und Material gemacht. Seit 2004 *liest* Patricio aus seiner Hand und öffnet sie für andere Wesen und Objekte, die sie aktiviert, indem seine Hand ihnen einen Platz gewährt und deren Aussagen und Botschaften der Menschheit und den Geistern anbietet. Trotz der Geschichte von Entrechtung, Entmenschlichung und Unterwerfung haben afrikanische Völker und ihre Nachkommen auf der ganzen Welt versucht, den Geist von Opfergaben am Leben zu erhalten, seien sie materiell oder immateriell, wie zum Beispiel den „Pakt der Freude", von dem Patrícios Großvater ihm oft erzählte. Und wie die Vorfahren immer wieder betont haben, geht mit diesen Opfergaben nicht die Erwartung einer Gegenleistung einher – sie sind ein Opfer für das Universum. Als eine Gabe, die nicht transaktional ist – im Unterschied zu den kolonialen, extraktivistischen und kapitalistischen Modellen des Gebens, die eine vielfache und unverhältnismäßige Gegenleistung verlangen –, stellt die Fotoserie *Aceita?* den Betrachter*innen, den Menschen auf der ganzen Welt die Frage, ob sie bereit sind für ein nicht-transaktionales Weltsystem, das Großzügigkeit allein um der Großzügigkeit willen verkörpert und den Profit hinter sich lässt. —BN

Werk in der Ausstellung:
Aceita? [Do you accept?], (seit 2013), Fotoserie, 50 × 50 cm. Courtesy Estudio Ikorità

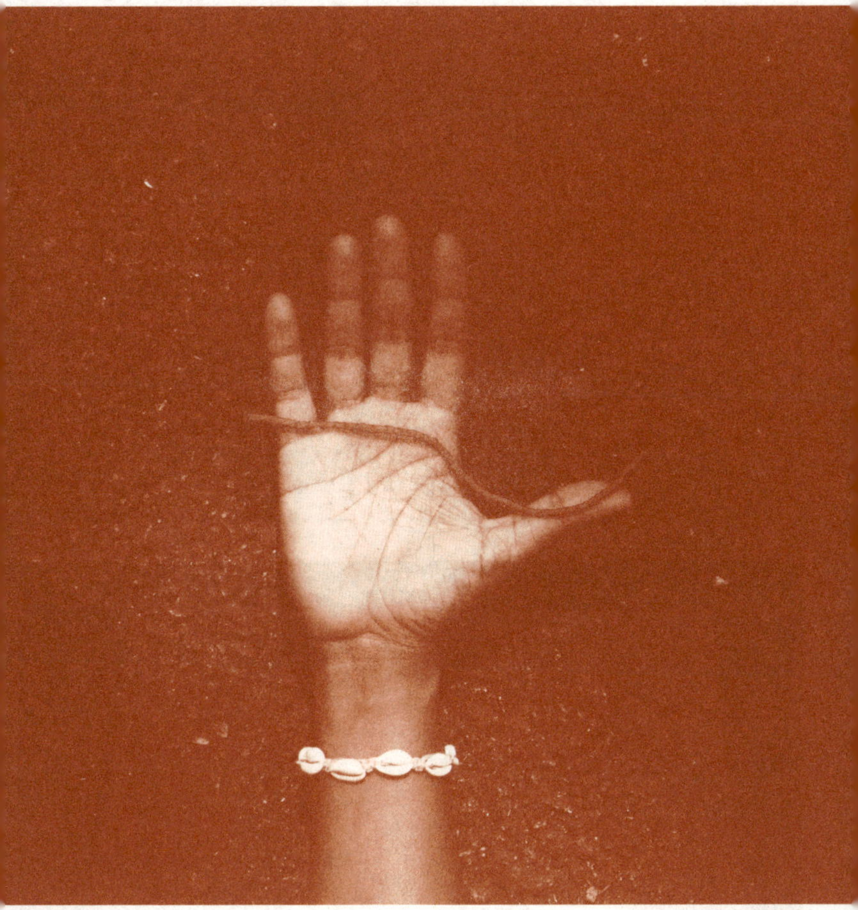

Ausschnitt. Courtesy Moisés Patrício

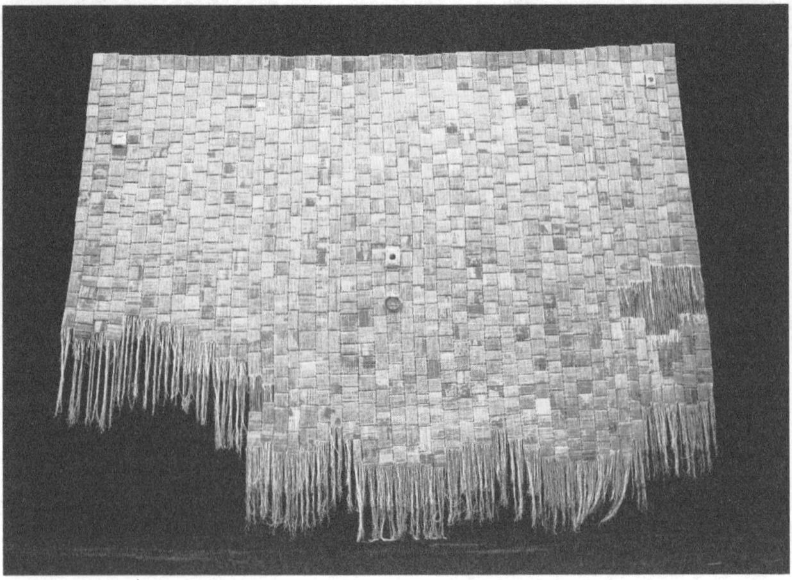

Fotos: Salim Cissé

1990, Abidjan, Côte D'Ivoire,
lebt in Bamako, Mali

Ange Dakouo

Ange Dakouo stammt aus einer Donso-Gemeinschaft, die ihn in spirituelle Praktiken und Rituale einführte, in deren Zentrum die Verbindung zwischen menschlichen und nicht-menschlichen Wesen steht. Der Talisman, der auch als Gris-Gris oder Amulett bezeichnet wird, bezieht seine schützende Wirkung aus der Weisheit des Glaubens der Vorfahren und wird von Priester*innen getragen, die für den Schutz ihrer Community verantwortlich sind. Untermauert von einem starken Glauben an die Bedeutung und Schutzkraft der Talismane, drehen sich Dakouos künstlerische Forschungen darum, wie diese Objekte in der heutigen Zeit verwendet werden können, um bestimmte Botschaften zu vermitteln. Dakouos Anordnung von Talismanen – mit Baumwollgarn verbunden – versteht sich als Metapher der Gesellschaften, in denen wir leben, und unterstreicht, dass auch menschlichen „Fäden" verwoben sein müssen, um zu gedeihen. Damit knüpft der Künstler an eine lange Tradition von Webpraktiken an, die ein Wissen um Gemeinschaftssinn und Solidarität vermitteln, wie sie in den meisten afrikanischen Communitys alltäglich sind. —MHP

In Auftrag gegeben vom Haus der Kulturen der Welt (HKW), produziert von Ange Dakouo und HKW, 2023

Werk in der Ausstellung:
Imagine **(2023), Skulptur, Karton, Zeitung, Baumwollfaden, Leder, Spiegel, Eisen, 275 × 350 cm. Courtesy Ange Dakouo**

1961, Kingston, Jamaika, lebt
in Port of Spain, Trinidad

Jasmine Thomas-Girvan

Jasmine Thomas-Girvan ist bekannt für ihre Assemblage-Ästhetik, bei der sie literarische, mündlich überlieferte und performative Praktiken mit visuellen Aspekten verbindet. Die Künstlerin, so Annalee Davis, „führt verschiedene Materialien zusammen, verbindet die logische, lineare Ebene mit der übernatürlichen und verknüpft das Innenleben der Menschen mit der äußeren Realität". *The Healing Stream* gleicht einer geöffneten Schriftrolle: Sie enthält Zeichnungen auf schwarzem Papier, die sich auf die Rastafari-Kultur beziehen, und lässt sich damit auch als Hommage an *The Royal Parchment Scroll of Black Supremacy* des Proto-Rastafari und Predigers Fitz Balintine Pettersburg von 1926 lesen. Der Titel *The Healing Stream* stammt aus einem jamaikanischen Volkslied, in dem es heißt: „Dip dem in the healing stream / Dip dem deep, but not too deep / Dip dem to cure bad feelings", und erinnert daran, dass die heilende Kraft des gepredigten Wortes, sei es in Liedern oder im Gottesdienst, in Schwarzer Geschichte eine wichtige Rolle spielt. *The Promised Key* bezieht sich auf eine 1935 veröffentlichte Schrift gleichen Titels, die von Leonard Howell – auch als der „erste Rastafari" bezeichnet – unter seinem indischen Pseudonym G.G. Maragh veröffentlicht wurde. Howell, der die Erlösung der Schwarzen predigte, wurde wegen Anstiftung zum Aufruhr verhaftet. Wegen seines Aktivismus geriet er zeit seines Lebens immer wieder ins Visier der Kolonialregierung. —AOW

Werke in der Ausstellung:
***The Healing Stream* (2022), Installation, Papier, Grafit, Acryl und Holz, L: 360 cm (Mrinalini Mukherjee Halle)**
***The Promised Key* (2023), 7,6 × 7,6 × 10.1 cm, Installation, Glas, Sterlingsilber und Papier (Beatriz Nascimento Halle)**
***Babylon's Fortune foretold...But what about us?* (2022), Installation, transparente Folie, Holz, 22,6 × 29 × 7,5 cm (Beatriz Nascimento Halle). Courtesy Jasmine Thomas-Girvan**

The Healing Stream. Ausschnitt
Foto: Nathan Patrick

Tuli Mekondjo

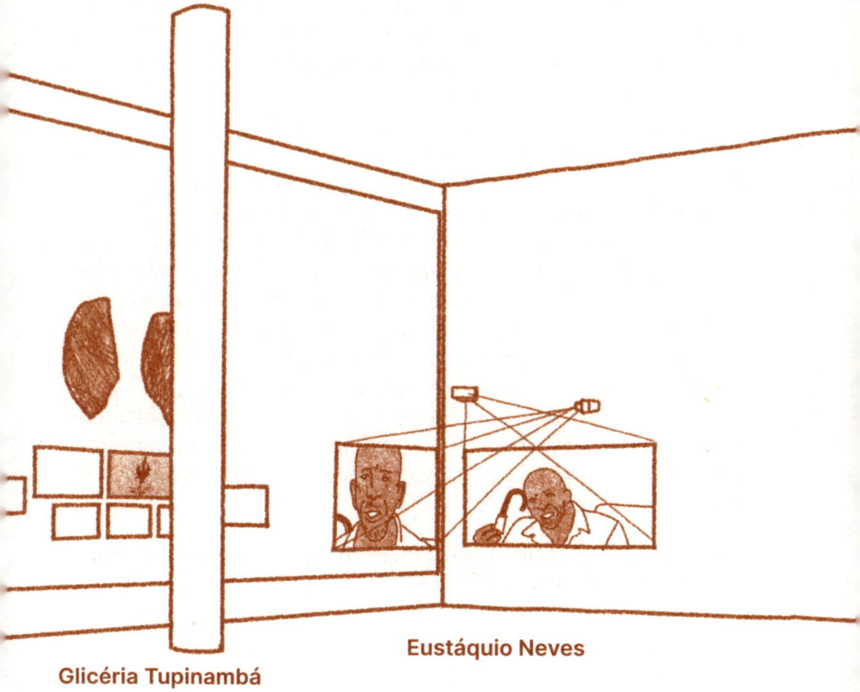
Eustáquio Neves
Glicéria Tupinambá

1982, Kwanza-Sul, Angola,
lebt in Berlin, Deutschland,
und Windhoek, Namibia

Tuli Mekondjo

Tuli Mekondjo wurde während Namibias Unabhängigkeitskrieg geboren – in einer vom Trauma der gewaltvollen deutschen Kolonialherrschaft von 1884 bis 1915 gezeichneten Region. Ihr Werk beruht auf den Geschichten, die sie in sich trägt: von ihrer Familie und Community in Namibia, wohin sie nach der Unabhängigkeit 1990 zurückkehrte, sowie auf ihren Recherchen in kolonialen Archiven und gegen deren rassistischen Blick. In *Ounona vedu (Children of the soil)* bildet Mekondjo eine Reihe von Fruchtbarkeitspuppen nach, wie sie in ihrer Gesellschaft der Aawambo einst von Generation zu Generation weitergereicht wurden, um Mutterschaft zu feiern und Fruchtbarkeit zu symbolisieren. Mit ihren Leinwandarbeiten entwickelt die Künstlerin ein neues Medium, aus dem archivierte Fotoporträts von Aawambo-Frauen den kolonialen Blick zurückwerfen. Indem sie die Leinwände anzündet, wäscht, bestickt, zerschneidet und flickt, schafft sie eine Sphäre der Transformation, der Heilung und Ehrung unterbrochener Ahnenlinien. Die Arbeten beziehen die Betrachter*in in die Schöpfungsenergie des Lebens ein, die Generationen verbindet und gebiert. Mekondjo skizziert Restitution als eine Wiederherstellung der Fruchtbarkeitsströme der Ahnen – ihrer Erinnerungsmacht jenseits institutioneller Museumsrückführungen, die sich lediglich um Besitzverhältnisse drehen. —PG

In Auftrag gegeben vom Haus der Kulturen der Welt (HKW), produziert von Tuli Mekondjo und HKW, 2023

Werke in der Ausstellung:
***Ovadali vounona (Birthers of children) I* (2023), Malerei, Seidenstoffe, Leinengewebe, archivierte Fotografie, Baumwollstickgarne, Malstifte, Acrylfarbe, Blattgoldstift, Blattkupferstift, 270 × 217 cm; *Ovadali vounona (Birthers of children) II* (2023), Malerei, Seidenstoffe, Leinenstoffe, archivierte Fotografie, Baumwollstickgarne, Malstifte, Acrylfarbe, Blattgoldstift, Blattkupferstift, 270 × 217 cm; *Ounona vedu (Children of the soil)* (2023), Installation, Holz, antike Glasperlen, Muscheln, Muschelperlen, Kaurimuscheln, Kupferperlen, Samen, Sicherheitsnadeln, menschliches Haar, Nägel, Messingperlen, Wildleder, Leder, Springbockfell und -haut, Knöpfe, Metallperlen, Straußeneierschalenperlen, Wildleder, Baumwollgarn, Baumwollstoff, Leinenstoff, verrostete Metallringe, Stöcke, roter Ocker, Knetmasse, variable Maße. Courtesy Tuli Mekondjo**

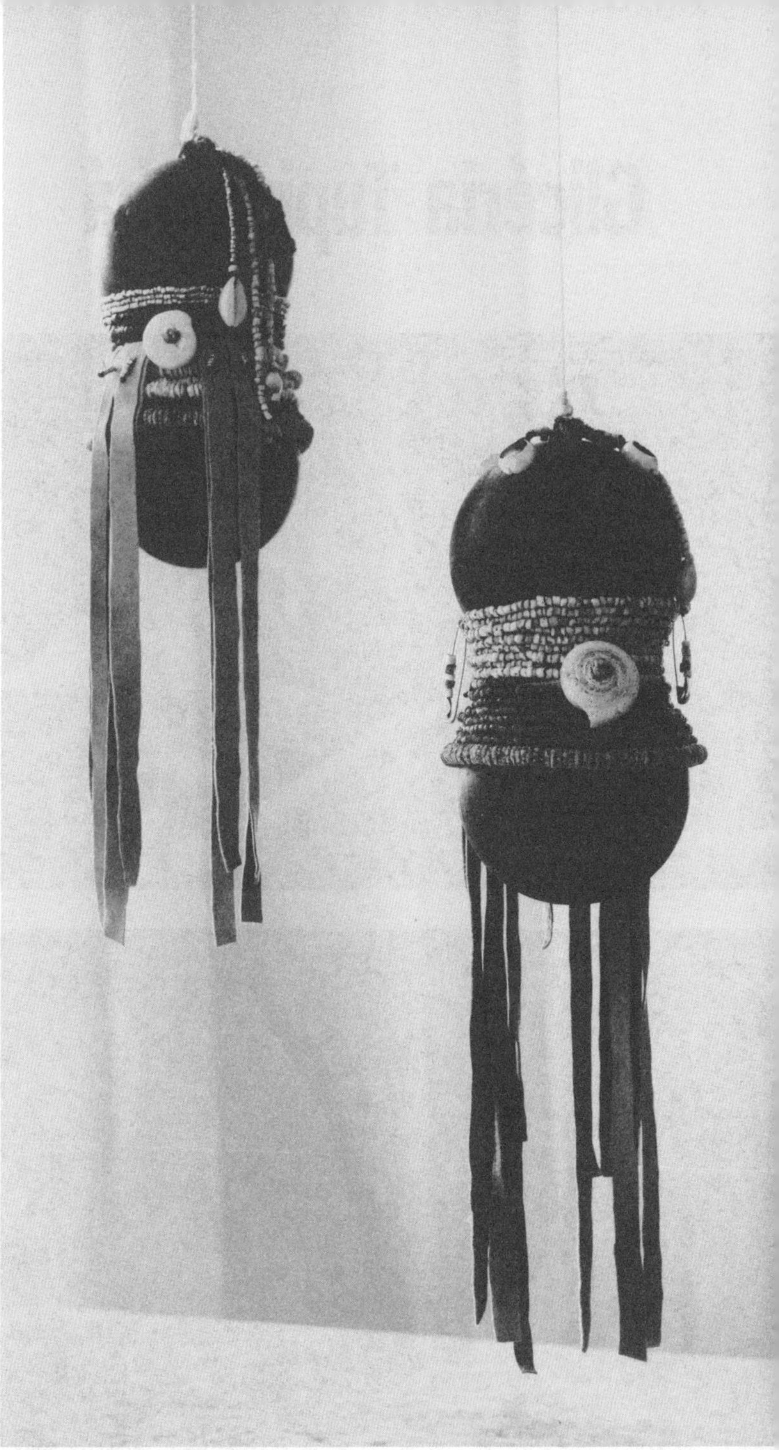

Ounona vedu (Children of the soil). Ausschnitt
Foto: Jasper Kettner

Glicéria Tupinambá

Glicéria Tupinambá und Túlio Rosa, *Tupinambá Ybaka* (2023)
Videostills: © Túlio Rosa

1982, Buerarema, lebt in Serra do Padeiro, im Gebiet des indigenen Volkes der Tupinambá de Olivença, Atlantischer Regenwald im Süden von Bahia, Brasilien

Glicéria Tupinambá, Anführerin im Kampf für indigene Frauenrechte, interkulturelle Pädagogin, Intellektuelle und Künstlerin, setzt sich für die vom Untergang bedrohte Sprache ihres Volkes, Nhengaatu, und die Wiederbelebung einer alten Tradition ein: die kunstfertige Herstellung von Tupinambá-Mänteln. Beides steht in engem Zusammenhang mit dem Kampf um die territoriale Souveränität der Tupinambá. Die heiligen Umhänge der Schamanen, die mit den Federn des Scharlachsichlers produziert werden, wurden im 16. Jahrhundert als Exotica an die kolonialen Höfe Europas gebracht; einige von ihnen befinden sich heute noch im Besitz dortiger Museen. Tupinambá nahm sich 2006 der über Jahrhundert ausgesetzten Tradition an, um einen Prozess zu initiieren, den sie als „technischen Kosmos" bezeichnet. Dabei greift sie auf Fotografien, Träume sowie traditionelles Wissen über die Herstellung von Fischernetzen und Schnüren zurück, unterstützt durch die lebendige und spirituelle Gemeinschaft dieses Gebiets – ein Lebensraum, der für die Existenz der Mäntel notwendig ist. Obwohl nur ein Randthema der aktuellen Diskussionen um Restitution, hat dieser Prozess ihr Volk in seinen Bemühungen um Souveränität entscheidend gestärkt. Für *O Quilombismo* hat Glicéria *Tupinambá Ybaka* angefertigt, eine Arbeit, die die seit alters her bestehende Verbindung ihres Volkes zu den Sternen erneuert. Die Arbeiten werden von einem Brief an die Besucher*innen begleitet (siehe nächste Seite).

Während eines Stipendiats am HKW vertieft Glicéria 2024 ihre Zusammenarbeit mit anderen Künstler*innen und Kurator*innen und befasst sich mit einigen zum heiligen Ritual des Mantels zählenden Elementen (die sich noch in europäischen Sammlungen befinden) und der Weisheit, die von ihm ausgeht. —A

Werke in der Ausstellung:
Tupinambá Ybaka **[Der Himmel der Tupinambá] (2023), Kokospalmenrinde, Baumwollfaden. Courtesy Glicéria Tupinambá**
Fernanda Liberti in Zusammenarbeit mit Glicéria Tupinambá, *Dancing with the Tupinambá: Mother Bird and Son, Glicéria and Eru, Serra do Padeiro, Bahia, Brazil; Bird View; Thousand in One; Abraço* [Umarmung]; *Majé* [Schamanin]; *Poço de Iemanjá* [Iemanjas Quelle] (2021), Fotoserie. Courtesy Fernanda Liberti

Tupinambá Ybaka – Der Himmel der Tupinambá

Ich heiße Glicéria de Jesus da Silva, auch bekannt als Glicéria oder Célia Tupinambá. Ich lebe im Indigenen Territorium Tupinambá de Olivença im Süden von Bahia, Brasilien. Ich bin Teil der Indigenen Bewegung und kämpfe für die Verteidigung unseres Gebiets und unserer Gemeinschaft. Ich weiß, wer ich bin – und das liegt an meiner Verbindung zu unserem Land.

Mein Kampf zum Schutz unseres Territoriums führte 2010 zu meiner Verhaftung. Im Gefängnis kam es eines Tages zu einer Rebellion und wir blieben über Nacht im Hof. Ein 14 Monate altes Kind unter uns blickte hinauf zum dunkel gewordenen Himmel und sah die Sterne. Der Junge rief die Menschen um ihn herum dazu auf, auch in den Himmel zu schauen. Und dann – als niemand mehr auf ihn achtete – begann er, für die Sterne zu tanzen. Er drehte sich und sprang hoch, um nach ihnen zu greifen. Auch ich hielt meinen Sohn in den Armen, er war nur wenige Monate alt. In jenem Moment, als ich dem Kind dabei zusah, wie es zum ersten Mal den Sternenhimmel entdeckte, erkannte ich, wie viel uns genommen worden war: Sogar den Himmel haben sie kolonisiert. Ich fragte mich: Wie ist unser Himmel beschaffen? Wie ist der Himmel meiner Leute, der Himmel der Tupinambá beschaffen? Wie ist der Himmel Indigener Gesellschaften beschaffen? Diese Frage ging mir nicht mehr aus dem Kopf. Später begann ich die Arbeit an dem Tupinambá-Mantel. Der Mantel erzählt und in einem Traum sprach er zu mir, dass er ein Geschenk des Himmels an die Erde war und dass er diese Verbindung aufrechterhält. Und während ich das Gewebe des Mantels herstellte, erkannte ich, dass es das Gewebe des Himmels ist – das Netz der Sterne. Und so betrachtete und beobachtete ich den Himmel jeden Tag noch öfter.

Schon als Kind hörte ich immer wieder, dass die *encantados* [Ahnenwesen] über einen Sternenzweig zu uns kommen. Ich hörte auch, dass es nötig war, den Himmel zu beobachten, um zu wissen, ob Regen käme und wie lange er anhalten würde. Für alles empfahlen uns die Älteren, in den Himmel zu schauen. Als Kind verstand ich das nicht. Ich blickte in die Sterne und erkannte nicht, dass ein schwächeres Leuchten bedeutete, dass es regnen würde. Als ich schließlich verstand, dass die Sterne derart mit unserem Land und unserem Wissen verbunden sind, beschloss ich, mich diesem Wissen zuzuwenden. Denn es ist nicht nur wichtig, unsere eigenen Namen zurückzuerlangen, sondern die Funktion in den Blick zu nehmen, die dieses Wissen in der Welt hat. Es ist nicht mit den Älteren verloren gegangen.

Der Himmel der Tupinambá wurde von Reisenden und Priester*innen über die Zeiten hinweg aufgezeichnet. Sie schrieben über das Sternbild „Der alte Mann und sein Stock“, Tuibaé. Für die Tupinambá symbolisiert er die Schöpfung der Menschheit. Er war es, der die ersten

Menschen aus Bäumen schnitzte. Die Bäume schenkten ihm das Material und er schnitzte uns mit seinem Stock. Dann übergab er die Aufgabe, die Schöpfung der Menschheit fortzuführen, dem *pajé* [Schamanen] und verließ uns, um in den Sternen zu leben. Er ist auch eine wichtige Orientierung für die Einteilung der Zeit. Neben Tuibaé gibt es weitere Sternbilder wie „Der Pfad des Tapirs", es gibt die Rhea, den Hirsch und weitere Tierbilder. Tatsächlich ist sogar die Erde am Himmel vertreten. Das Sternbild, das in Brasilien als „Três Marias" bekannt ist, heißt in der Sprache der Tupinambá „Joykexo". Diese drei Sterne stehen für Fruchtbarkeit. Sie repräsentieren auch den Pfad der Seelen, den Pfad des Todes. Sie kümmern sich seit Anbeginn der Zeiten um das Leben. Die Älteren sprachen immer von diesen drei Sternen, betrachteten sie, beteten zu ihnen und erbaten Informationen. Zum Wechsel der Jahreszeiten lasen sie aus ihnen, ob es regnen oder die Sonne scheinen würde. Wir müssen die Sterne beobachten, um zu erkennen, wie das Klima wird. Für uns ist das grundlegend, weil wir nicht von irgendeiner Technologie abhängen – abgesehen von den Lehren, die die Älteren uns übermitteln. „Der Pfad des Tapirs" bot Reisenden Orientierung und geleitete sie von einem Ort zum anderen. Damals hatten die Menschen keine Karte dabei, sie orientierten sich am Himmel. Die Sterne waren eine Karte, führten uns, boten einen Pfad.

Jeden Tag versuche ich, den Sternen näherzukommen, sie besser kennenzulernen, sie und ihre Funktion besser zu verstehen. Weil sie nicht nur Teil von etwas sind, sondern etwas Vollständiges, Ganzes. All diese Konstellationen aus Sternen, die an unserem Himmel leuchten, stehen auch für unsere *encantados*. Sie bringen mich dem Mantel und den Sternen näher. Ich wünsche mir, dass andere Menschen hiervon hören und verstehen können, dass es einen anderen Himmel gibt. Ich überführe diese Sterne in natürliches Textil, in Kokosnussfaser. Wie Tuibaé, der alte Mann mit dem Stock, der das von den Bäumen gespendete Material nutzte, habe ich um Erlaubnis gebeten, mit Vorsicht und Respekt den Sternenhimmel darzustellen, die *encantados*, unsere Sterne, den Himmel der Tupinambá. Dieses Werk ist eine Einladung, den Himmel anders zu betrachten, sich einen anderen Blick anzueignen. Wie jenes Kind, das zum ersten Mal diesen Himmel sah und für die Sterne tanzte, versuchte, nach ihnen zu greifen – so lade ich Sie alle dazu ein, jede einzelne Person, diesen Himmel zu betrachten und darin den eigenen Himmel zu finden.

Glicéria Tupinambá
Serra do Padeiro, 23. Januar 2023

1955, Juatuba, Minas Gerais, Brasilien, lebt in Diamantina, Minas Gerais

Eustáquio Neves

Als Chemiker ausgebildet, begann Eustáquio Neves Mitte der 1980er Jahre zu fotografieren. Inspiriert von dem großen brasilianischen Künstler Arthur Bispo do Rósario, der seine eigenen Kunstwerke als Teil eines göttlichen Plans ansah, begann Neves damit, die Negative seiner Fotografien zu bearbeiten – eine Technik, die zu einem zentralen Bestandteil seiner künstlerischen Praxis werden sollte. In nunmehr vier Jahrzehnten hat sich der Autodidakt mit der Geringschätzung der Nachfahr*innen versklavter Afrikaner*innen in Brasilien auseinandergesetzt. In seinen Arbeiten registriert und transformiert er Bilder, die mit rassistischer Unterdrückung, Intoleranz gegenüber den Riten der Afro-Diaspora und Gewalt gegen Schwarze Körper verbunden sind. *Crispim / Encomendador de Almas* zeigt das tägliche Leben von Crispim, einem Mitglied einer der letzten verbliebenen Baú-Maroon-Gemeinschaften in Minas Gerais, die im Geiste des Quilombo gegründet wurde. Die Subsistenzkultur und Beibehaltung angestammter Rituale und religiöser Praktiken sind noch heute von zentraler Bedeutung für die dort lebenden Communitys; so ist Crispim damit betraut, den Übergang von der Welt der Lebenden in die der Toten zu erleichtern. Im Einsatz von Heilkräutern und dem *vissungo*, einem Ruf- und Antwortgesang in einer Mischung aus afrikanischen Sprachen, der von den versklavten schwarzen Bergarbeitern in Diamantina gesungen wurde, ist Crispims Anwesenheit in Neves' Arbeit ablesbar. —SM

Werk in der Ausstellung:
***Crispim / Encomendador de Almas* (2006–22), Zweikanal-Videoinstallation, 6' 02". Courtesy Eustáquio Neves**

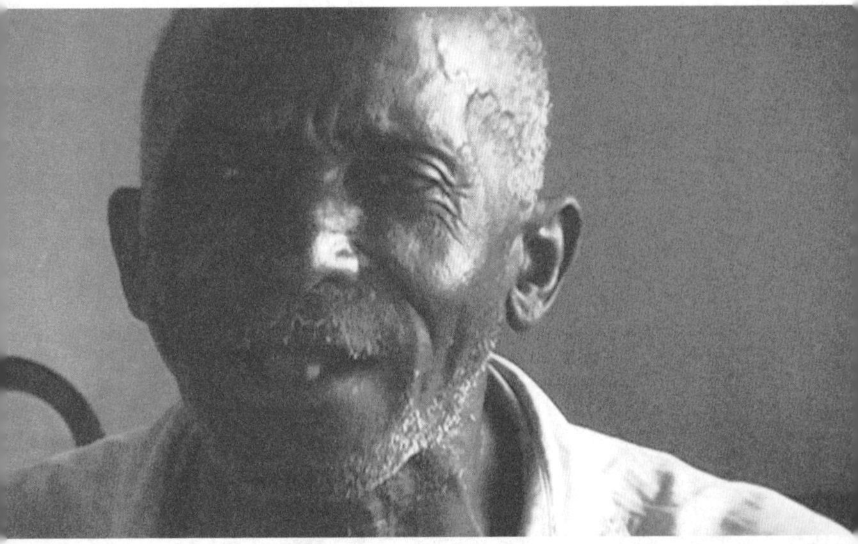

Videostills

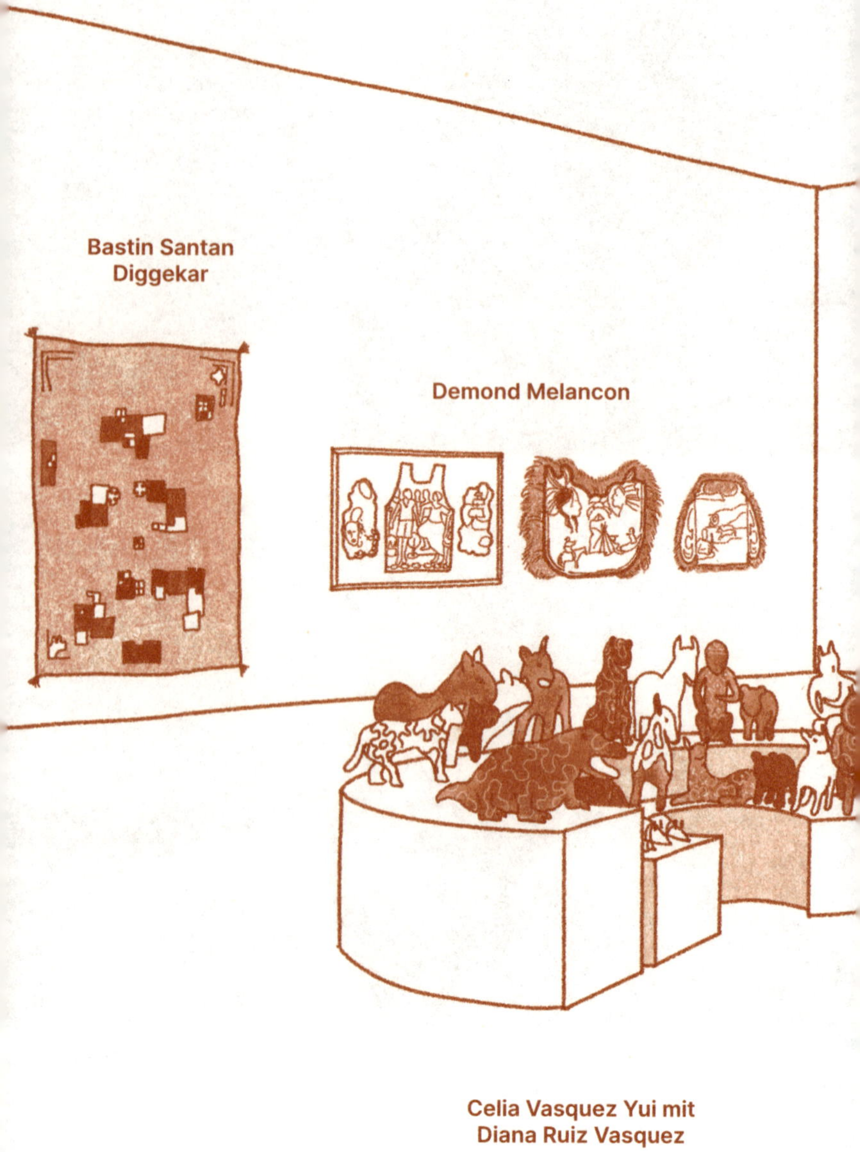
Bastin Santan
Diggekar
Demond Melancon
Celia Vasquez Yui mit
Diana Ruiz Vasquez

Truong
Cong Tung
Bernardo Oyarzún

Bastin Santan Diggekar, Shakirambi Ganishab Tattongi, Bibijan Babushab Gunjavathi, Badimabi Gafarsab Ugrani und Saidambi Imamasab Naik

Die Siddi-Communitys, die an der Westküste Indiens leben, stammen ursprünglich aus den östlichen Regionen des afrikanischen Kontinents. In ihre heutigen Siedlungsgebiete kamen sie im Laufe des vergangenen Jahrtausends unter unterschiedlichsten Umständen: als Händler*innen entlang der somalisch-indischen Handelsrouten (abgelöst von der Swahili-indischen Route), als Seeleute, Söldner, Aristokrat*innen, aber auch als Versklavte. Zum Erbe der Siddi in Indien zählen die Königshäuser von Bengal, Ahmadnagar und Janjira neben vielen weiteren politischen und militärischen Führungspersönlichkeiten. Mehrere Siddi-Communitys haben erfolgreich in Indien kastenlose Gesellschaften aufgebaut, deutlich egalitärer als die dominanten Strukturen ihrer Umgebung. Die Frauen haben eine eigene Quilt-Kunst entwickelt: Sie ist ständig im Wandel, hat eine detailreiche, beeindruckende Form lebendiger Abstraktion entwickelt und beruft sich auf keine andere kunsthistorische Genealogie. Die textilen Werke erinnern an Quilt-Praktiken in verschiedenen afro-diasporischen Gemeinschaften in den Amerikas, sprechen aber eine ganz eigene künstlerische Sprache. Dazu gehören verschiedene ästhetische und Schutz bietende Strategien, wie die Muster an den Ecken, die als Amulette und Sicherheit versprechende Formen dienen sollen. —CC

Der Quilt von Hattarabi Maulasab Gunjavati ist in der Beatriz Nascimento Halle zu sehen, siehe S. 202.

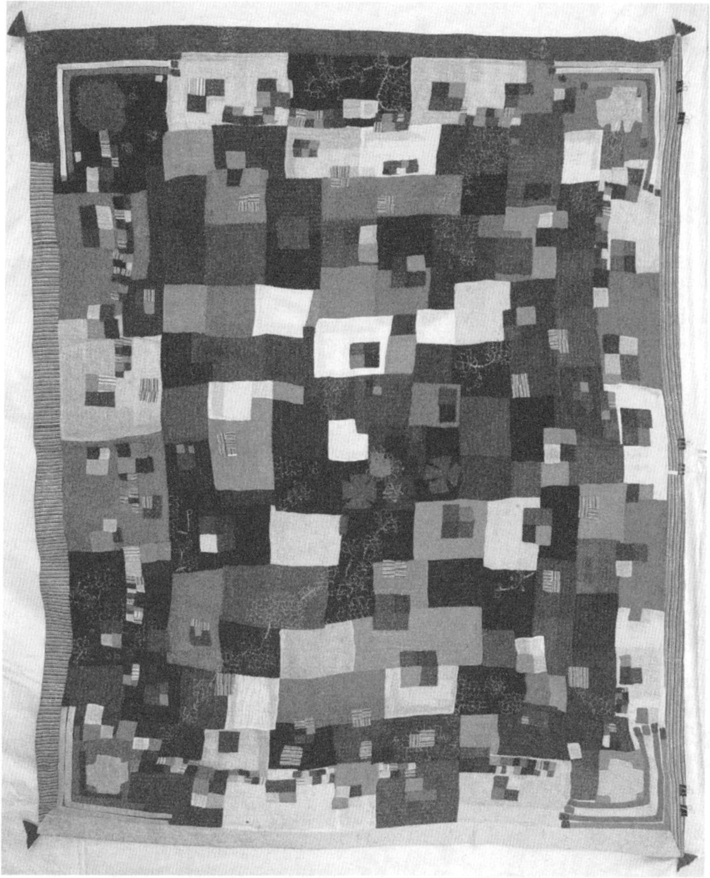

Bastin Santan Diggekar, ohne Titel. Foto: Anitha N Reddy

Werke in der Ausstellung:
Bastin Santan Diggekar, ohne Titel (2023), Textilarbeit, handgenähter Siddi Kavand (afrikanisch-indischer Quilt) mit Stickerei, 229 × 280 cm; Shakirambi Ganishab Tattongi, ohne Titel (2023), Textilarbeit, handgenähter Siddi Kavand (afrikanisch-indischer Quilt) mit Stickerei, 127 × 241 cm; Bibijan Babushab Gunjavathi, ohne Titel (2023), Textilarbeit, handgenähter Siddi Kavand (afrikanisch-indischer Quilt) mit Stickerei, 142 × 226 cm; Badimabi Gafarsab Ugrani, ohne Titel (2023), Textilarbeit, handgenähter Siddi Kavand (afrikanisch-indischer Quilt) mit Stickerei, 135 × 213 cm; Saidambi Imamasab Naik, ohne Titel (2023), Textilarbeit, handgenähter Siddi Kavand (afrikanisch-indischer Quilt) mit Stickerei, 132 × 239 cm. Courtesy die Künstlerinnen

1978, New Orleans,
USA, lebt dort

Demond Melancon

Ethiopia, Mardi Gras Day 2018. Foto: Gabriel Biencyzcki

Werke in der Ausstellung:
Bras-Coupé (Vest and Dickie) (2016), Perlen, Glasperlen und Schmucksteine auf Leinwand, gerahmt, 89,53 × 127 cm; *Africa* (2011), Perlen, Glasperlen und Schmucksteine auf Leinwand, gerahmt, 96,5 × 121,9 cm; *Red Cloud & Sitting Bull* (2013), Perlen, Glasperlen und Schmucksteine auf Leinwand, gerahmt, 137,2 × 165,1 cm
Courtesy Arthur Roger Gallery

***Jah Defender*, Mardi Gras Day 2021. Foto: Ryan Hodgson-Rigsbee**

Demond Melancon zählt zu den Hütern der mehr als 200 Jahre alten Tradition der Black-Masking-Kultur von New Orleans. Diese einzigartige Subkultur reicht bis ins 19. Jahrhundert zurück, als amerikanische Indigene aus der Versklavung geflohenen Afro-Amerikaner*innen zur Seite standen und daraus eine interkulturelle Freundschaft entsprang, die sich bis zu Ritualen, Handwerkskunst und Spiritualität erstreckte. Bei Melancon steht die Technik der Perlenstickerei im Zentrum, die er als Black Masker erlernt hat. Er fertigt Kostüme für zeremonielle und rituelle Anlässe wie Mardi Gras und die St.-Joseph's-Night und hat darüber hinaus eine Porträtserie geschaffen, für die er wie bei den Kostümen mit Nadel und Faden Glasperlen auf der Leinwand anbringt. Die lebensgroßen Maskierungen bestehen aus zusammengenähten perlenbestickten Flicken, verziert mit farbigen Straußenfedern. Jedes Kostüm bezieht sich auf historische und mythische Berichte und überführt sie in eine kollektive visuelle Erzählung, die Schwarze Subjekte, ihre Geschichte(n), ihre Kämpfe, ihre Philosophie und ihr Wissen in den Mittelpunkt rückt und damit Stereotypen Schwarzer Identität entgegenwirkt. *Bras-Coupé* zum Beispiel ist einem mythischen *runaway* gewidmet und zeigt Figuren auf dem Congo Square, wo sich die Gelegenheit zu Tanz und Handel bot, um die für die Freiheit notwendigen geistigen und materiellen Ressourcen zu gewinnen. — AOW/A

Ausschnitte. Fotos: Truong Cong Tung

1986, Dak Lak, Vietnam, lebt
in Ho Chi Minh City, Vietnam

Truong Cong Tung

Truong Cong Tung wurde in der Provinz Dak Lak im zentralen Hochland Vietnams als Sohn einer Familie geboren, die der mehrheitlichen Kinh-Community angehörte und erst kürzlich in das Land der indigenen Jrai-Community gezogen war – ein Umstand kultureller Veränderung, der seine Einstellung zur eigenen künstlerischen Praxis und sein politisches Engagement maßgeblich beeinflusst hat. Truongs Arbeit nimmt Einflüsse traditioneller spiritueller Praktiken Vietnams auf, von denen einige vom Buddhismus geprägt sind, und untersucht Formen des Zusammenlebens mit nicht-menschlichen Wesen, die in diesen Traditionen anzutreffen sind – etwa mit Pflanzen, Insekten und Geistern. In *Blind Map* lässt er eine Termitenkolonie ein Stück Leinwand besetzen und präsentiert die Spuren ihrer Aktivität in einer Form, die so zufällig wie repetitiv ist, wenn die Leinwand ausgewickelt wird. In diesem Prozess findet eine Transfiguration statt, die den Künstler zur Termite und die Termite zur Maler*in werden lässt – es entsteht ein Raum ungeklärter Identität über die Spezies hinweg. —CC

Werk in der Ausstellung:
Blind Map (2013), von Termiten
zerfressene Leinwandrolle, 600 × 150 cm
Courtesy Post Vidai Collection

1960, Pucallpa, Ucayali, Peru, lebt in Yarinacocha in der peruanischen Amazonasregion

Celia Vasquez Yui

mit Diana Ruiz Vasquez

Als Künstlerin, Aktivistin für die territoriale Souveränität indigener Völker und politische Vertreterin des Shipibo-Volkes in Peru konzentriert sich Celia Vasquez Yui auf Keramiken mit zoomorphen Merkmalen, die aus der visuellen Tradition der Shipibo-Conibo stammen. *The Council of the Mother Spirits of the Animals*, eine Zusammenarbeit mit dem Shipibo-Conibo Center, zeigt Skulpturen von Tiergeistern, die unter anderem als Jaguare, Schlangen, Gürteltiere und Krokodile dargestellt sind. Diese Figurationen, die das kreative und politische Potenzial aller lebenden Erscheinungsformen des Landes betonen, werden in einem Amphitheater präsentiert und von einer Klanglandschaft begleitet, die online zur Verfügung steht. Dazu zählen die Aufnahme einer Ayahuasca-Zeremonie für den Planeten, die von Mitgliedern der Shipibo Union of Ancestral Healers (ASOMASHK) durchgeführt wurde, sowie Klänge aus dem peruanischen Amazonasgebiet, die eine nonverbale Kommunikation mit der Natur erlauben. Vasquez Yui hält den alten Brauch aufrecht, zerbrochene Keramikstücke mit dem Ton der Flussufer zu mischen, aus denen sie stammen. Sie integriert auch Rituale wie das Fasten und das Blasen von Tabakrauch während des Brennens und integriert das Haar ihrer Enkelin in ihre Pinsel. Mit ihrer Arbeit beschwört die Künstlerin ein Verständnis für Ökologie und die Heilung zwischen den Arten herauf und setzt sich mit den spirituellen und ökologischen Missständen der heutigen Welt auseinander. —RC/A

Werke in der Ausstellung:
The Council of the Mother Spirits of the Animals **(2020/2023), Installation, vor dem Brennen in Schlickertechnik bemalter Ton, pflanzliche Harze;**
Asomashk, A Ceremony for the Mother Spirits of the Animals **(2021), Tonaufnahme, 157'**
Courtesy Celia Vasquez Yui, Diana Ruiz Vasquez, Asomashk und Shipibo Conibo Center, NY

Bitte einscannen, um zur Klanglandschaft zu gelangen.

The Council of the Mother Spirits of the Animals, Ausstellungsansicht, Salon 94, New York, 2022. Fotos: Elisabeth Bernstein. Courtesy Celia Vasquez Yui & Diana Ruiz Vasquez, Shipibo Conibo Center, New York, und Salon 94, New York

1963, Los Muermos, Región de los Lagos, Chile, lebt in Colicheo, Cabrero, Bío-Bío, Chile

Bernardo Oyarzún

Im Kontext des Widerstandes der indigenen Mapuche-Kultur („Menschen der Erde") in Chile und Argentinien thematisiert Bernardo Oyarzún in seiner Arbeit Erfahrungen mit Rassismus. Der Künstler, der selbst von den Mapuche abstammt, reaktiviert seit den 1990er Jahren ihre populären Praktiken und Ästhetiken, um das in ihnen geborgene Wissen zu bewahren – sei es in Handwerk, Erzählungen, kulinarischen Fertigkeiten, Ritualen oder Festivitäten. In *Kilombo: Piwuchen* nimmt die mythologische Gestaltwandler-Figur Piwuchen die allegorische Form eines Paradewagens an, wie er für die Welt des Karnevals typisch ist. Die bunte schlangenähnliche Figur, die auf Geschichten aus den Mapuche Gebieten und der Insel Chiloé im südlichen Chile zurückgeht, verkörpert eine indigene Vorstellungswelt, die in mündlicher Überlieferung über mehrere Generationen hinweg weiterlebt. Wie in seinem früheren Werk *Kilombo* (2012) erinnert Oyarzún an den afrikanischen Ursprung von Quilombo – was abgeleitet vom Kimbundu-Wort *kilombo* etwa Kriegslager bedeutet – und verknüpft den weltweiten kulturellen Widerstand indigener Gesellschaften mit dem der Nachfahren von Afrikaner*innen gegen den (Neo-)Kolonialismus. In Oyarzúns spielerischer, Vergangenheit und Gegenwart verbindender Kunst steckt immer auch eine Geschichte, die das Publikum weitergeben kann, um in der eigenen Community kreativen Wandel und Freude hervorzurufen. —PG

In Auftrag gegeben vom Haus der Kulturen der Welt (HKW), produziert von Bernardo Oyarzún und HKW, mit Unterstützung durch das Ministerio de las Culturas, las Artes y el Patrimonio | Gobierno de Chile, 2023

El Médan, partizipative Performance von Bernardo Oyarzún zur Eröffnung von *O Quilombismo*, siehe S. 257.

Modell für *Kilombo: Piwuchen*
Foto: Bernardo Oyarzún

Werk in der Ausstellung:
Kilombo: Piwuchen (2023), Skulptur, Pappmaché, verschiedene Materialien, 3 × 5 × 2 m
Courtesy Bernardo Oyarzún

Antonio Jose Guzman
& Iva Jankovic

Gwladys Gambie
Li Jiun-Yang

1971, Ciudad de Panamá,
lebt in Amsterdam, Niederlande,
Gujarat, Indien, und
Ciudad de Panamá, Panama

Antonio Jose Guzman

Der Künstler, Forscher, Dub-Poet und Afro-Futurist Antonio Jose Guzman befasst sich mit Fragen der sozialen Gerechtigkeit und Begriffen wie Gemeinschaft, Identität und Abstammung. Seine multidisziplinären Arbeiten entstehen in Auseinandersetzung mit der Kolonialgeschichte von Textilien, Erinnerung und Zeit. Dabei lässt er sich von diasporischen Identitäten inspirieren und stellt die positive Rolle von Migration und gemeinschaftsbildendem Engagement in den Mittelpunkt. In *Transatlantic Stargate* reinterpretiert Guzman die koloniale Herkunft indigoblauer Textilien, um die sich auf den gesamten Raum des Black Atlantic erstreckende Kolonial- und Sklavereigeschichte der Niederlande kritisch zu beleuchten. Diese Textilien, die mit symbolischer, spiritueller und historischer Bedeutung, mit Erzählungen und Erinnerungen an die Diaspora, an alte Geister und heilige Mächte aufgeladen sind, erfuhren während des Handels mit versklavten afrikanischen Menschen einen bedeutenden Wertzuwachs. *Transatlantic Stargate* basiert auf dem Installations- und Performance-Projekt *Messengers of the Sun* (2023), das Guzman mit Iva Jankovic konzipierte. Für *O Quilombismo* präsentieren sie ein neues Arrangement eigens hergestellter Textilien, die in der traditionellen Indigo-Blockdrucktechnik Ajrakh gefärbt wurden. Wie schon bei früheren Werken kooperierten Guzman und Jankovic mit dem Team von Sufiyan Ismail Khatri im indischen Ajrakhpur. Das 4.000 Jahre alte Ajrakh ist mehr als eine Drucktechnik; im Geiste des Quilombismo ist es eine Lebens- und Lernweise, die über Generationen hinweg mündlich weitergegeben wurde. —RC

In Auftrag gegeben vom Haus der Kulturen der Welt (HKW), produziert von Antonio Jose Guzman, Iva Jankovic und HKW, mit Unterstützung durch den Mondriaan Fund, Amsterdam, 2023

1979, Ruma, Jugoslawien,
lebt in Amsterdam, Niederlande,
und Gujarat, Indien

& Iva Jankovic

Modell für *Transatlantic Stargate*
Foto: © Guzman & Jankovic Atelier
GF Workstation Amsterdam, 2023

Werk in der Ausstellung:
Transatlantic Stargate (2023),
indigo-gefärbte Textilien, 5 × 5 m
Courtesy Antonio Jose Guzman
und Iva Jankovic

1988, Fort-de-France, Martinique,
lebt dort

Gwladys Gambie

Manman Chadwon to Manman Chadwon (2023)
Tusche auf Papier, 75 × 110 cm © VG Bild-Kunst, Bonn 2023

Werk in der Ausstellung:
Poetic of Celebration (2023), Zeichnungen,
Tusche auf Papier, Mischtechnik, je 75 × 110 cm
Courtesy Gwladys Gambie

Gwladys Gambie greift in ihren Arbeiten auf die Mythologie zurück, um Herrschaftsmechanismen, stereotype Normen und Repräsentationsformen zu hinterfragen. *Poetic of Celebration* (2023) feiert den Schwarzen weiblichen Körper, kreiert eine Poetik, die ihn aus den Fesseln von Kolonialismus, Patriarchat und Rassismus befreit. Die Arbeit besteht aus sechs neu angefertigten Zeichnungen, die afrikanische Mythologien und Traditionen auf Martinique aufgreifen und von Manman Chadwon inspiriert sind, der Göttin der Seeigel und Nachfahrin der afro-karibischen Gottheit und Göttin des Ozeans, Manman Dlo. Manman Chadwon ist Gambies Alter Ego – eine wandelbare und emanzipatorische Figur, die die Künstlerin spirituell mit der Natur und ihren afrikanischen Vorfahren verbindet. Körper, Flora und Fauna vermischen sich in Gambies Zeichnungen – eine zentrale Rolle spielt dabei die Farbe Rot. Sie steht für das rituell verwendete Blut, das die Vorfahren mit den Lebenden verbindet und die Menschen vergegenwärtigt, die der jahrhundertelangen Versklavung zum Opfer fielen. Gambies Kunst befreit den weiblichen Körper, schlägt eine Brücke zwischen Generationen, Kontinenten, Zeitlichkeiten, Vorfahren, Menschen und der Natur. —RC

In Auftrag gegeben vom Haus der Kulturen der Welt (HKW), produziert von Gwladys Gambie und HKW, 2023

1967, Taitung, Taiwan,
lebt in Taichung, Taiwan

Li Jiun-Yang

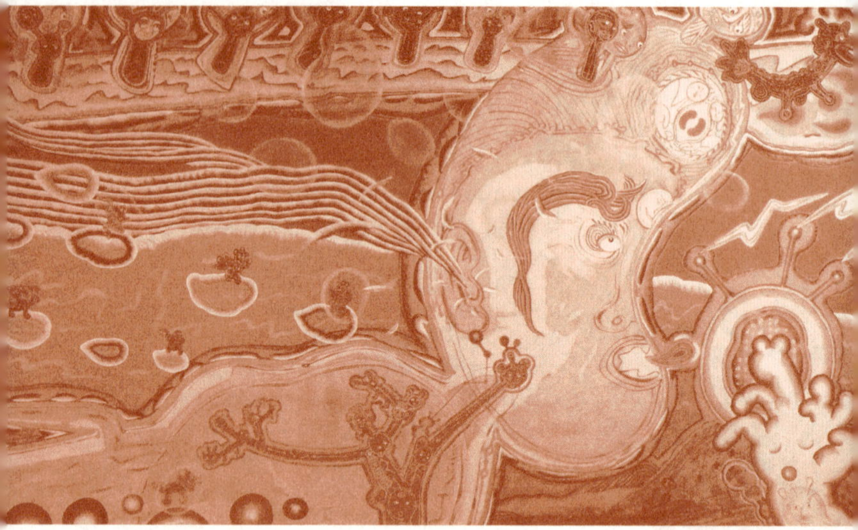

Ausschnitt

Die großformatige Leinwand ist charakteristisch für Li Jiun-Yangs spezifische Auseinandersetzung mit traditionellen taiwanesischen Kunstformen, religiösen Darstellungen und der Volkskultur auf der Insel. Als Sohn eines Filmplakatmalers hat er selbst solche Plakate geschaffen, aber auch an Tempelbildern, Kalligrafien, taiwanesischen Handpuppen und Multimedia-Installationen gearbeitet. Li stammt aus dem Süden Taiwans, einem kulturellen Umfeld, das von den indigenen Bewohner*innen Taiwans und den Hoklo (Nachkommen der ersten chinesischen Einwander*innen ab dem 17. Jahrhundert) geprägt ist. Er vertritt eine taiwanesische Identität, die sich von der nationalistischen Vorstellung Chinas unterscheidet, in der die Insel Bestandteil eines homogenen chinesischen Kulturraums ist. In den ersten Jahrhunderten der chinesischen Migration auf die Insel drehte sich das religiöse wie politische Leben um volkstümliche Tempel, die in horizontalen Strukturen miteinander verbunden waren – ein System, das die Möglichkeit bot, sich einer zentralisierten politischen Kontrolle zu entziehen. Die Welt, die Li auf seiner Leinwand skizziert, spiegelt den allgemeinen Geist schrankenloser Fantasie, der in diesen Jahrhunderten paralleler politischer Vorstellungen in Taiwan entstand, vor der japanischen Besatzung. Angesichts des aktuellen Schreckgespensts der chinesischen Machtübernahme stößt dieser idealisierte Moment einer lokalen politischen Vorstellungswelt in der Öffentlichkeit auf großes Interesse.
—CC

Werk in der Ausstellung:
Fairy-Fairy-Fairy 35 **(2011), Malerei, Acryl auf Leinwand, 509 × 144 cm**
Courtesy Li Jiun-Yang

Masimba Hwati
Grada Kilomba

Shakirambi Ganishab Tattongi, Bibijan Babushab Gunjavathi, Badimabi Gafarsab Ugrani, und Saidambi Imamasab Naik

1982, Harare, Simbabwe, lebt in Wien, Österreich, und Michigan, USA

Masimba Hwati

Aus Fundstücken konstruiert Masimba Hwati Skulpturen und lädt Klangkünstler*innen ein, ihnen ein neues Leben einzuhauchen. Mit seinem Interesse für postkoloniale Themen trägt er zum breiteren Diskurs über die gesellschaftsverändernde Macht künstlerischer Praxis und ihren Einsatz für eine Neuschreibung von Geschichte bei. Der zweite *Chimurenga* (revolutionäre Kampf) der heutigen Republik Simbabwe dauerte von den frühen 1960er Jahren bis 1979, um 1980 in die Befreiung des Landes von der Kolonialherrschaft zu münden. Inspiriert durch den Widerstand und die Zähigkeit inhaftierter Freiheitskämpfer*innen stellt Masimba in diesen Skulpturen die damaligen Fluchtversuche als Überlebensstrategien heraus. Für die Befreiungskämpfe in Simbabwe wie auch in anderen afrikanischen Ländern spielte das Radio eine zentrale Rolle. Hwati beschreibt es als „Apparat zur Versorgung und Heilung der Menschen, der es den Freiheitskämpfern ermöglichte, in den Rissen und Lücken des herrschenden Systems zu agieren“. Mit in Brotlaiben eingeschmuggelten Radios, Zeitungsausschnitten, Liebesbotschaften und Solidaritätsbekundungen hielten Angehörige und Mitstreiter*innen in einer improvisierten Geste die Hoffnung der Inhaftierten am Leben. —MHP

***Bread Scores*, Performance von Masimba Hwati and friends, Laura Anh Thu Dang, Luka Mukhavele, Lefteris Krysalis am Sonntag, 4. Juni, 15:00, siehe S. 270.**

Werke in der Ausstellung:
***Dzikamunhenga 3* (2022), Skulptur, Mischtechnik, 126 × 50 × 25 cm;**
***Dzikamunhenga 4* (2022), Skulptur, Mischtechnik, 120 × 62 × 40 cm**
Courtesy Masimba Hwati und Tiwani Contemporary, London und Lagos

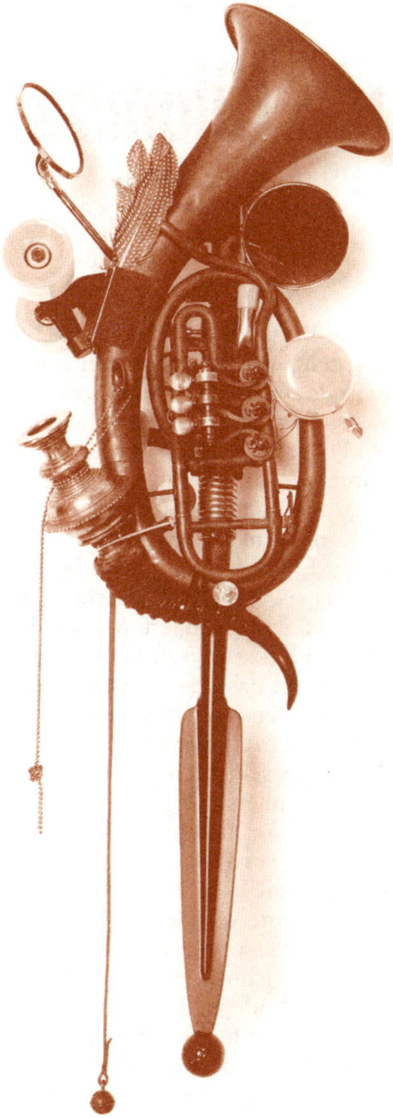

Dzikamunhenga 4. Foto: Kafeela Ade

1968, Lissabon, Portugal,
lebt in Berlin, Deutschland

Grada Kilomba

Die Erforschung von Erinnerung, Trauma und Postkolonialismus steht im Mittelpunkt der künstlerischen Arbeit Grada Kilombas, die Wissenssysteme hinterfragt und sich in interdisziplinären Formaten mit den Folgen des Kolonialismus auseinandersetzt. Durch die Subversion von Linearität setzen ihre Arbeiten Spiritualität als alternatives Verständnis- und Kommunikationssystem.
Table of Goods nutzt Erde – den Hort aller Wesen – als Baumaterial, um eine Pyramide zu errichten, die an die Brutalität der Sklaverei erinnert. Mit Taschen für Kaffee, Zucker und Kakao versehen und von Kerzen umgeben, evoziert das Werk die Gewalt, die den konsumorientierten modernen Lebensstil erst ermöglicht. Gleichzeitig erzählt Grada Kilombas Installation Geschichten, um über Traumata hinwegzukommen und durch Rituale und Erinnerung Räume für Heilung zu schaffen. Den Begriff „unsagbar“ verwendet sie als Metapher für Traumata und die koloniale Wunde: „Der Kolonialismus ist eine Wunde, die nie richtig behandelt wurde, eine schwärende Wunde, die immer schmerzt, sich manchmal infiziert und manchmal blutet.“ Als Bindeglied schlägt die hier verwendete Erde einen Bogen zu Akten des Widerstands und der Resilienz in Auseinandersetzungen um Land, die *O Quilombismo* ebenfalls thematisiert. —DMV/MHP

Table of Goods, Installationsansicht, MAAT, Lissabon, 2017. Foto: Bruno Lopes

Werk in der Ausstellung:
Table of Goods (2017), Installation, Erde, Kaffeebohnen, gemahlener Kaffee, Kakao, dunkle Schokolade, Zucker, weiße Kerzen, variable Maße
Courtesy Grada Kilomba

Forough Farrokhzad Garten

S. 126 Temitayo Ogunbiyi

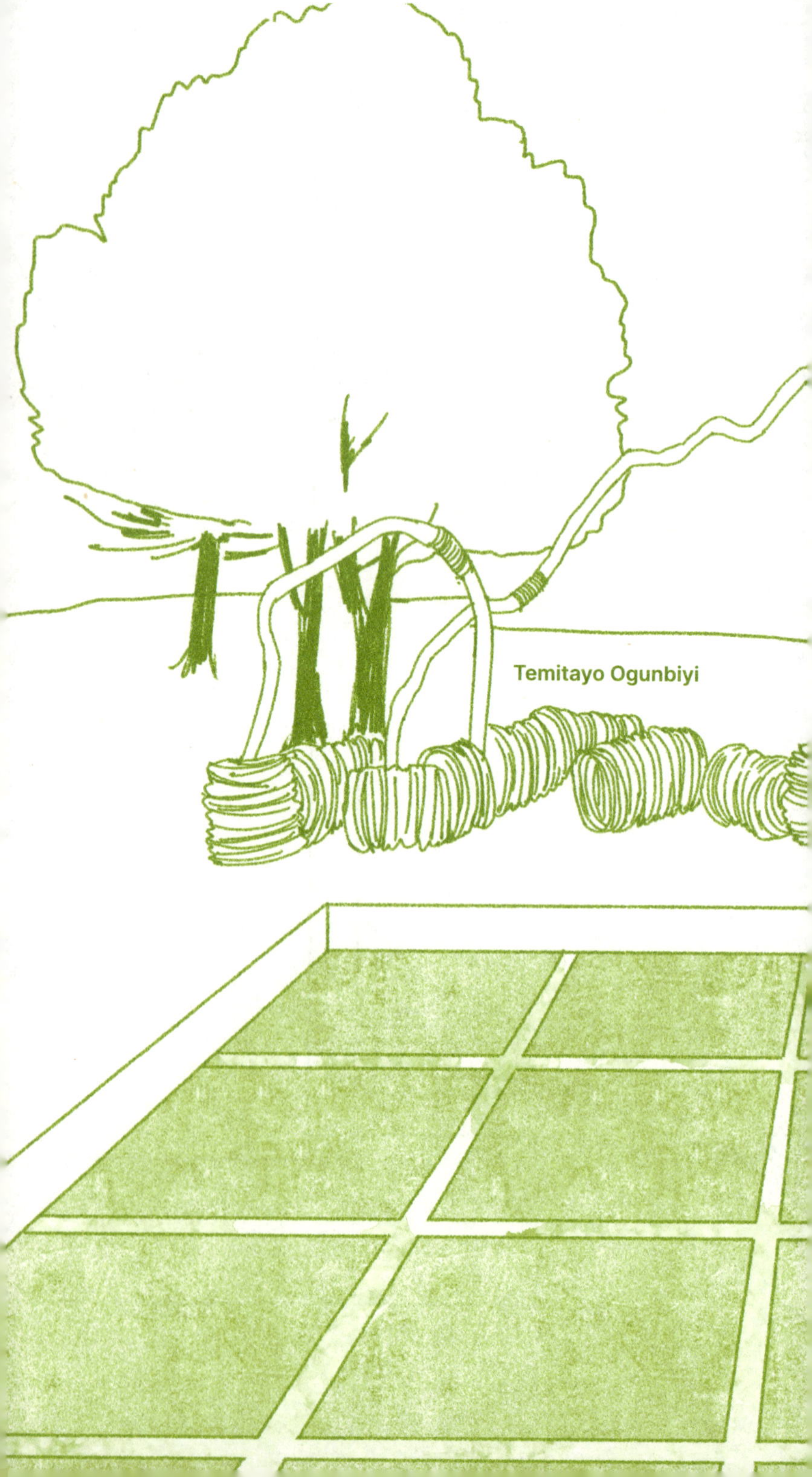

Temitayo Ogunbiyi

1984, New York, USA,
lebt in Lagos, Nigeria

Temitayo Ogunbiyi

Die Praxis der nigerianischen Künstlerin Temitayo Ogunbiyi bewegt sich zwischen Zeichnung, Malerei, Skulptur und Installation. Ihre Werke, die oft auf globale, aktuelle Ereignisse Bezug nehmen, treten in Dialog mit anthropologischen Narrativen und botanischen Sphären, die eng mit dem kolonialen Erbe verwoben sind. Ihre Papierarbeiten sind im Laufe der Zeit in Form und Umfang gewachsen und manifestieren sich heute in skulpturaler Dimension, meist wie Routen oder Landkarten gestaltet. Sie spiegeln das Interesse der Künstlerin an den historischen Bedingungen, die die Bewegungen von Menschen und Materialien über geografische Grenzen hinweg bestimmen. Für ihre erste öffentliche Installation in Neapel schuf Ogunbiyi die Spielplatzstruktur *You will play in the everyday, running* (2020). Dieses Plädoyer für unregulierte Bewegung inmitten öffentlicher Überwachung versteht sich als Angebot an Kinder, ungehindert zu spielen und den Platz nach eigenen Wünschen in Besitz zu nehmen. Den Begriff der Freiheit für alle Lebewesen, den Ogunbiyi in dieser Arbeit unterstreicht, greift sie für die Ausstellung *O Quilombismo* erneut auf. Entstanden ist ein Erholungsbereich, der Gäste des Hauses einlädt, sich niederzulassen und den Kontakt mit dem Gelände und der Natur rund ums HKW zu suchen. Ihre Installation ist ein Geschenk an die Besucher*innen und öffnet den Raum, indem es eine Brücke zwischen Innen und Außen schlägt. —EFB

In Auftrag gegeben vom Haus der Kulturen der Welt (HKW), produziert von Temitayo Ogunbiyi und HKW, 2023

Werk in der Ausstellung:
***You will forge paths beyond your grandmother's imaginings* (2023), Sitzgelegenheiten, Manila-Seil, Edelstahl, Beton, variable Maße**
Courtesy Temitayo Ogunbiyi

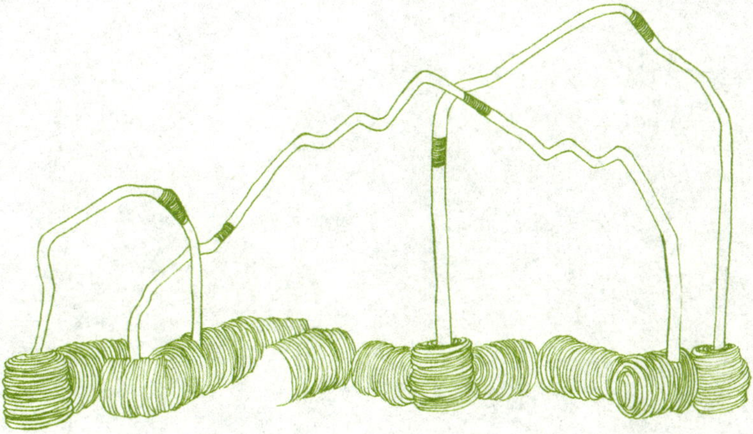

Skizze zu *You will forge paths beyond your grandmother's imaginings*, Stift auf Herbarium-Papier, 42 × 30 cm

Bessie Head Foyer & Magnus Hirschfeld Bar

S. 134 Hermosa Intervención
S. 136 Bruno Zhu
S. 138 Joshua Serafin
S. 142 Sawangwongse Yawnghwe
S. 144 Anand Patwardhan

S. 152 Diana Ejaita
(Beatriz Nascimento Halle)

Anand Patwardhan

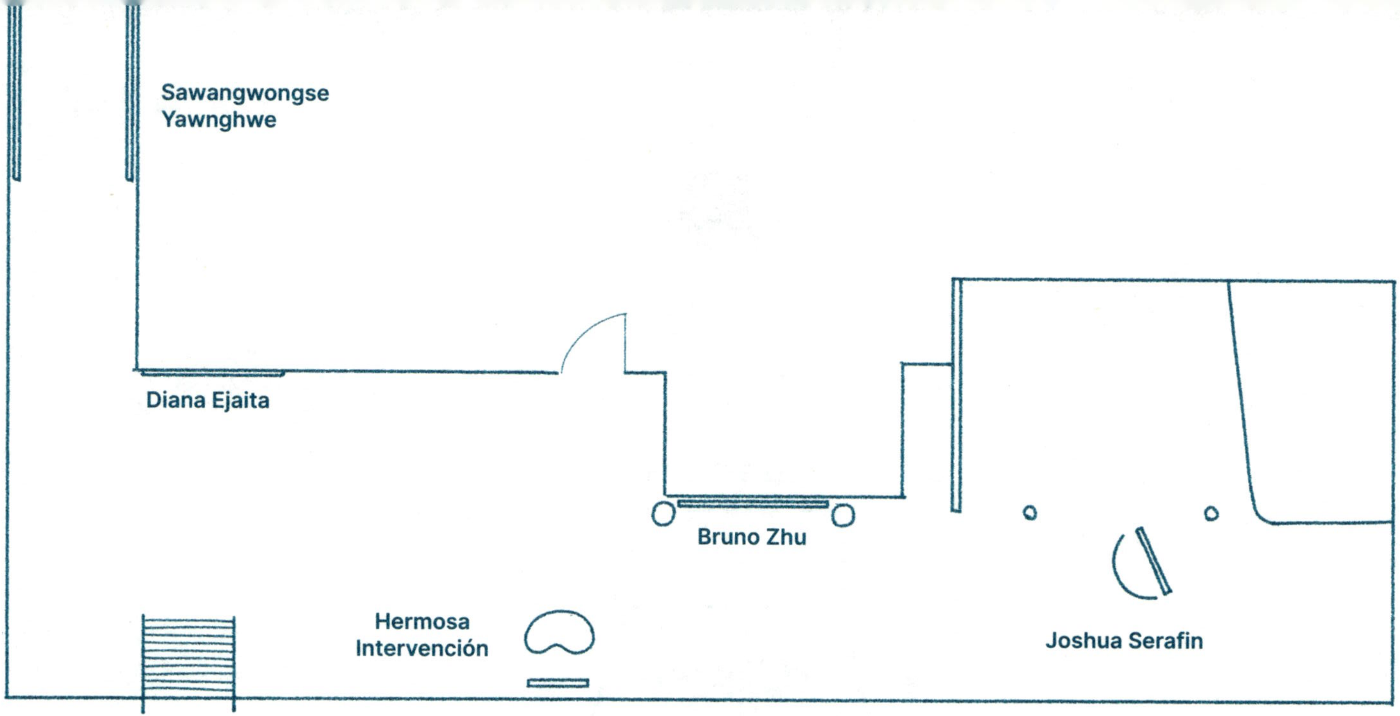

Sawangwongse Yawnghwe
Diana Ejaita
Bruno Zhu
Hermosa Intervención
Joshua Serafin

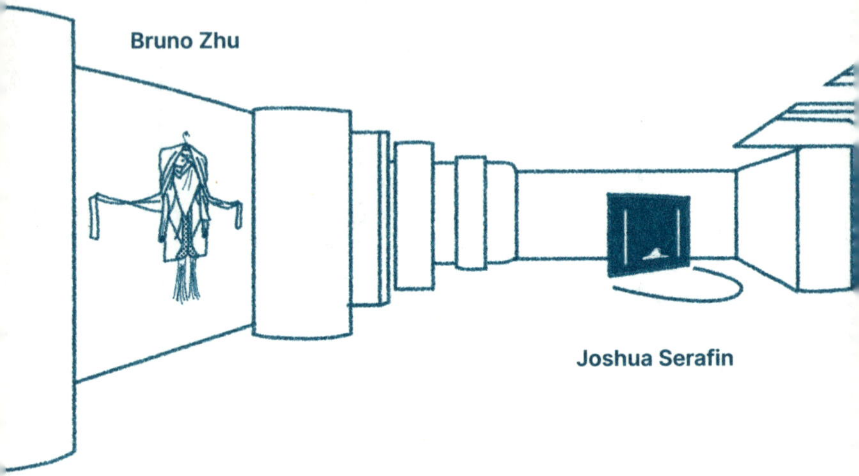
Bruno Zhu
Joshua Serafin

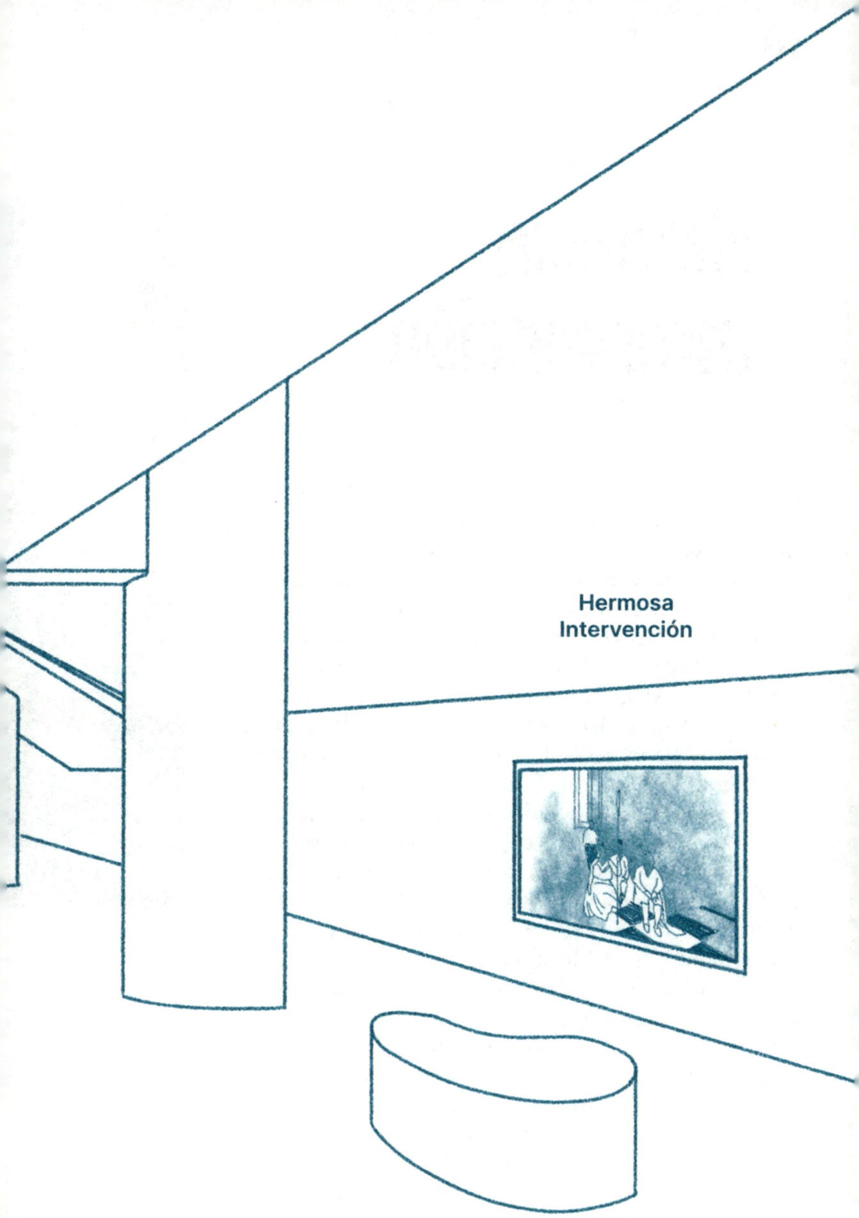
Hermosa
Intervención

Montevideo, Uruguay

Hermosa Intervención

Das 2020 gegründete afro-uruguayische Frauenkollektiv bringt mit *El Museo Afroviviente* die Erfahrungen von Afro-Latinas auf die Bühne. Hermosa Intervención erforscht die Geschichte Schwarzer Frauen und betont ihren Beitrag zu antirassistischen Kämpfen um die Rechte von Afro-, Indigenen, LGBTQ+- und migrantischen Gruppen in Abya Yala. Aus diesem Geist heraus erzählt *El Museo Afroviviente* von der afrikanischen Diaspora, die in neokolonialen Narrativen an den Rand gedrängt und im Bildungssystem vernachlässigt wird. Grundlage des Projekts ist die Kraft des Erzählens und der Körpersprache, konkreten Ausdruck findet es in Performance, Spoken Word, Body Paint, Klang und Installation. Um möglichst viele Menschen zu erreichen, inszeniert das Kollektiv nicht nur in Montevideo und Umgebung, sondern tourt durch das gesamte Land. Das Wort hermosa (dt. schön), das ihre „Intervention" charakterisiert, ist dabei von zentraler Bedeutung, bezeichnet es doch den Stolz auf den eigenen Körper, die eigene Geschichte. Denn die Lebenserfahrung einer jeden Frau in der Gruppe ist in die Erzählungen eingeflossen, mit denen sie den „Körper als Medium Schwarzer Geschichte/n" feiern. Hermosa Intervención distanziert sich damit vom eurozentrischen, an Objekten ausgerichteten Museum und lädt das Publikum zu einer *lebendigen* Erfahrung ein – und dazu, ihre Geschichten im eigenen Herzen weiterzutragen. —PG

In Auftrag gegeben vom Haus der Kulturen der Welt (HKW), produziert von Hermosa Intervención und HKW, 2023

Das Kollektiv Hermosa Intervención
Foto: Lucia Coppola

Werk in der Ausstellung:
El Museo Afroviviente (2023), dokumentarisches Video, 20'
Courtesy Hermosa Intervención

1991, Porto, Portugal,
lebt in Amsterdam, Niederlande,
und Viseu, Portugal

Bruno Zhu

Foto: Sebastian Black. Courtesy Bruno Zhu und Kimberly-Klark, Queens, New York

Bruno Zhu ist ausgebildeter Modedesigner. Seine künstlerische Praxis entwickelte er in A Maior, dem Mode- und Haushaltswarengeschäft seiner aus China ausgewanderten Eltern im portugiesischen Viseu. A Maior gab nicht nur den Anstoß für seine Arbeit, sondern Zhu kuratierte dort auch Ausstellungen mit den Angestellten sowie mit lokalen und internationalen Künstler*innen. Zhus vielfältige Kunstpraxis umfasst Textilien, Fotografie, Installation und Text. Sie greift auf subtile Weise ebenso vielfältige Themen auf: Begehren, Konsum, Kommerzialisierung und Rassifizierung des Selbst, Objektivierung und Autofiktion. In jüngster Zeit haben sich Fragen der Identitätspolitik, des Rassismus und der portugiesischen Kolonialgeschichte im Licht seiner eigenen Erfahrungen in der portugiesischen Kunstszene zu einem zentralen Aspekt in Zhus künstlerischer und schriftstellerischer Arbeit entwickelt. Auch die Mode spielt nach wie vor eine tragende Rolle: Der Künstler nutzt Kleidung, um Scheitern und Ende von Leben, Auftreten, Bewegung und Waren zu erforschen, aber auch als Vehikel für Reinkarnationen. *Man in the Closet* ist ein solches Werk, das die Spannungen der (Un-)Sichtbarkeit und die Weigerung, sich in bestimmte Kategorien oder Identitäten einordnen zu lassen, evoziert und zugleich als fast totemistische Figur fungiert – die aus der persönlichen Erfahrung des Künstlers abgeleitet ist und auf Elemente queerer Kultur verweist. —RC

Werk in der Ausstellung:
***Man in the Closet* (2017–23),**
Textilarbeit, Herrenhose, Wollsocken, Leinwand, Gazetuch, variable Maße
Courtesy Bruno Zhu

**1995, Bacolod City, Philippinen,
lebt in Brüssel, Belgien,
und Manila, Philippinen**

Joshua Serafin

Joshua Serafin, Künstler*in und Performer*in, bringt die gesellschaftlichen Auswirkungen, die psychologischen und physischen Brüche zum Vorschein, die durch Kolonialismus und Imperialismus verursacht wurden. Vor diesem Hintergrund beschäftigt Serafin sich mit indigenen und queeren Körperlichkeiten und Vorstellungswelten, um das Gefühl von Entwurzelung, mangelnder Zugehörigkeit und einem Dasein im Dazwischen zu thematisieren und gleichzeitig für sich zu reklamieren. Serafins Ansatz erinnert an die performativen Praktiken von marginalisierten Gruppen, die José Esteban Muñoz so überzeugend als „Disidentifikation" beschrieben hat. Ausgehend von eigener Forschung und Positionierung untersucht Serafin beispielsweise in *Miss* (2020) das körperliche Vokabular und die Machtverhältnisse von Transgender-Schönheitswettbewerben auf den Philippinen und zeichnet deren religiöse und koloniale Dilemmata nach, die sich in der Darstellung von Klasse, *race* und Geschlecht offenbaren. Serafins Beitrag zu *O Quilombismo* ist der Film *VOID*, Teil der Trilogie *Cosmological Gangbang* (2021–24), der auf eine totale Nicht-Präsenz Bezug nimmt – und das damit verbundene Potenzial, etwas – was auch immer – zu werden: eine Situation, in der sich queere Subjektivitäten wiederfinden, wenn sie sich mit ihrer Tilgung aus Geschichte und Zukunft konfrontiert sehen. *VOID* ist eine Dualität: eine nichtbinäre, geisterhafte Gottheit mit Braunem Körper und alternativer Identität, sowie ihre eigene Repräsentation oder deren Fehlen. Sie bricht auf, findet Stärke in sich selbst und bietet Zuflucht in der indigenen Welt der Vorfahren und ihrer Queerness. Passender Modus hierfür ist der Mythos, der für die fluiden, vorkolonialen philippinischen Vorstellungen der Geschlechter charakteristisch ist, in einer mündlich über Generationen hinweg überlieferten Spiritualität. —A

Eine Live-Performance von *VOID* findet am 23. Juni statt. Weitere Informationen auf www.hkw.de.

Videostills

Werk in der Ausstellung:
***VOID* (2022), Videoinstallation, 10'**
Regie und Kamera: Brandon Relucio
und Davide Belotti
Ton: Alex Zhang Huntai
Courtesy Joshua Serafin

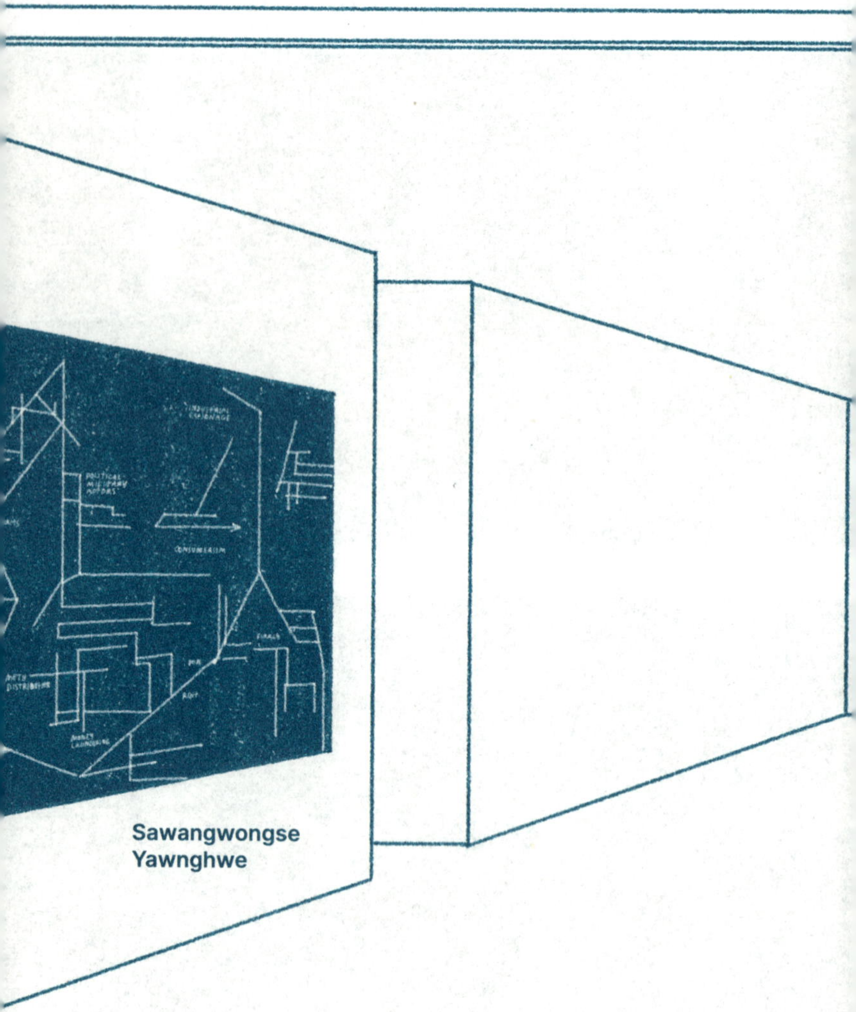
Sawangwongse
Yawnghwe

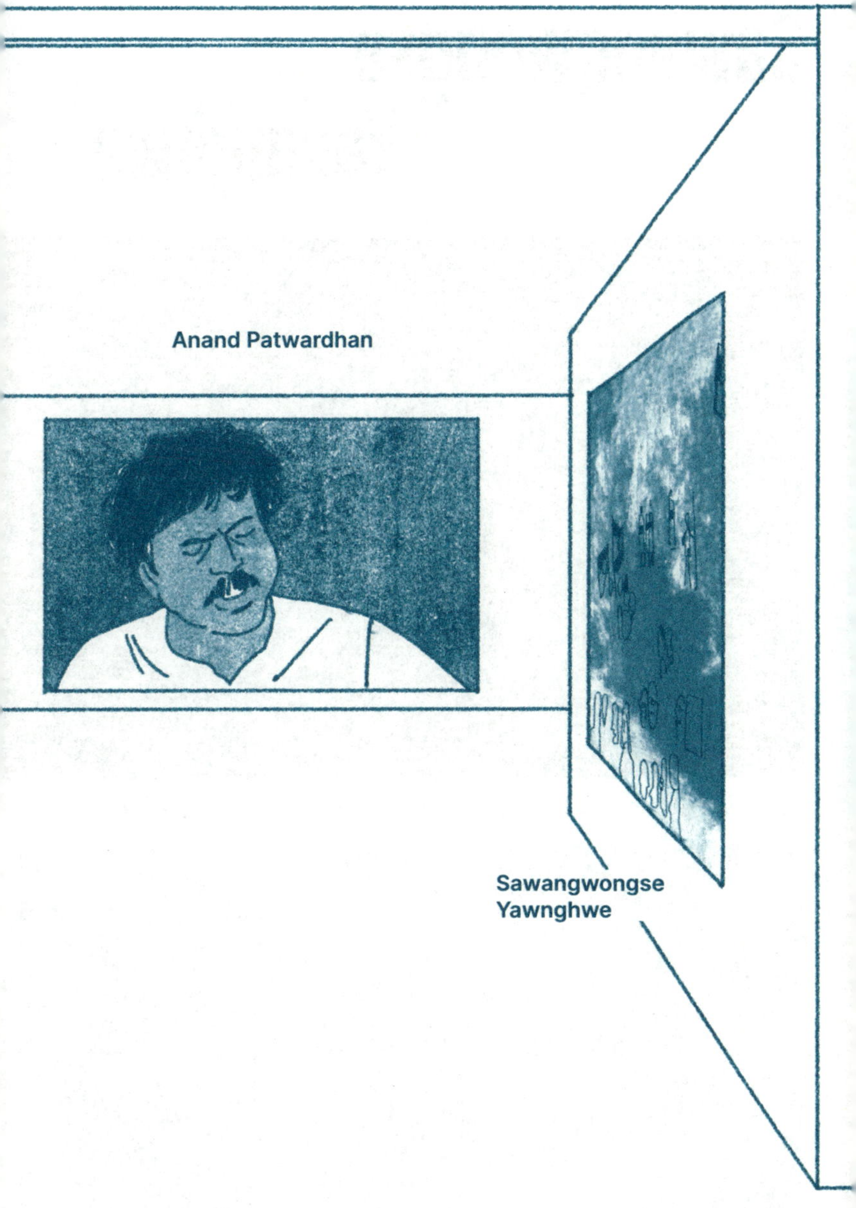
Anand Patwardhan
Sawangwongse Yawnghwe

1971, Shan State, Burma,
lebt in Zutphen, Niederlande

Sawangwongse Yawnghwe

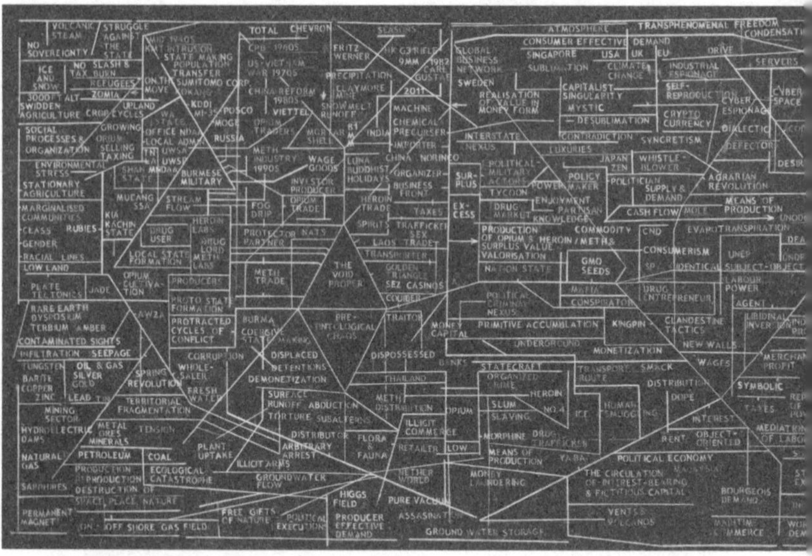

oben: *The Opium Parallax II*, unten: *The Rangoon Massacre (The Ides of March)*

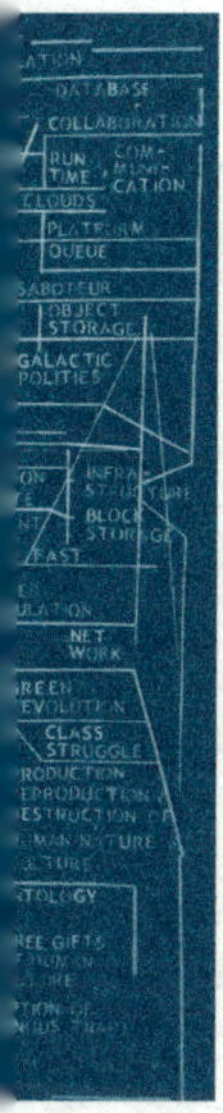

Werke in der Ausstellung:
The Opium Parallax II **(2023), Malerei, Acryl auf Leinentuch, 225 × 400 cm;** ***The Rangoon Massacre (The Ides of March)*** **(2023), Malerei, Acryl auf Leinentuch, 225 × 340 cm**
Courtesy Sawangwongse Yawnghwe

Sawangwongse Yawnghwe entstammt der königlichen Familie Yawnghwe der Shan, sein Großvater war Sao Shwe Thaik, der erste Präsident der Union von Burma (1948–62) nach der Unabhängigkeit des Landes von Großbritannien im Jahr 1948. Shwe Thaik starb 1962 nach dem Militärputsch von General Ne Win im Gefängnis. Seitdem lebt die Familie von Yawnghwe im Exil. Yawnghwe beschäftigt sich in seinen Bildern und Installationen mit seiner Familiengeschichte sowie mit aktuellen und historischen Ereignissen in Burma/Myanmar.
Er war eine der lautesten Stimmen aus dem Land, die den Völkermord an den Rohingya verurteilten.
In jüngerer Zeit hat er sich mit dem Volksaufstand nach dem Militärputsch von 2021 beschäftigt.
The Rangoon Massacre (The Ides of March) ist eine idealisierte Darstellung dieses Volksaufstandes, der sich in all seiner Vielfalt und trotz aller anderen Nebenkonflikte vor allem gegen die Militärherrschaft richtete. *The Opium Parallax II* zeigt die vielen Verbindungsebenen auf, die die Machtstrukturen in den verschiedenen Regionen Myanmars und über die Grenzen hinweg in anderen Bergregionen Südostasiens bestimmen, wo die landwirtschaftlichen und politischen Organisationen eine lange Geschichte des Widerstands und des Zusammenlebens außerhalb staatlicher und imperialer Kontrolle aufgebaut haben. —CC

In Auftrag gegeben vom Haus der Kulturen der Welt (HKW), produziert von Swangwongse Yawnghwe und HKW, 2023

1950, Mumbai,
damals Bombay, Indien,
lebt in Indien

Anand Patwardhan

Ausschnitt eines religiösen Plakats,
das den Hindu-Gott Hanuman zeigt

Ein energetisches Protestlied gegen das Kastensystem, geschrieben von den Dalit-Aktivisten Daya Pawar und Sambhaji Bhagat in Zusammenarbeit mit dem Filmemacher Anand Patwardhan: Bhagat trägt das Lied auf einem Dorfplatz vor, begleitet von Chor und Percussion – die Intensität ist körperlich spürbar. Der Song nimmt *Ramayana,* eines der wichtigsten Epen des Hinduismus, regelrecht auseinander: ein musikalischer Aufschrei gegen die systematische Unterdrückung und Missachtung der Menschenrechte, ein rebellischer Rhythmus gegen die Herrschenden, die über die Geschichtsschreibung bestimmen und die Dalits als Dämonen, Angehörige niederer Kasten oder Unberührbare bezeichnen. „But we were the aborigines of this land, listen to our story“, singt Bhagat, der auch das Patriarchat nicht verschont. Die scharfzüngige Kritik richtet sich gegen das *Manusmriti*, das altindische Gesetzbuch von Manu, das die Rechte von Frauen mit Füßen tritt. In die Dokumentation des Auftritts sind rassistische Darstellungen eingeblendet, die Dalits als Affen zeigen – nicht um diese abscheulichen Bilder einfach nur zu reproduzieren, sondern um sie in wütenden Versen zu demontieren. —CS

Werk in der Ausstellung:
***We Are Not Your Monkeys* (1996),**
Videoinstallation, 5' 19"
Courtesy Anand Patwardhan

Beatriz Nascimento Halle

S. 152 Diana Ejaita
S. 156 Owusu-Ankomah
S. 158 Farid Belkahia
S. 160 Rubem Valentim
S. 164 Abdias Nascimento
S. 166 Everald Brown
S. 168 Marie-Claire Messouma Manlanbien
S. 172 Charmaine Watkiss
S. 174 Lizette Nin
S. 176 Jasmine Thomas-Girvan
S. 180 Laeïla Adjovi
S. 182 Mallica „Kapo" Reynolds
S. 184 Kaylene Whiskey
S. 186 Maria Auxiliadora
S. 190 Rotimi Fani-Kayode
S. 192 Zica Pires
S. 194 Albert Artwell
S. 198 Taller Portobelo
S. 200 Aristote Mago
S. 202 Hattarabi Maulasab Gunjavati
S. 204 Museo de Arte Negra
S. 206 snowfuks

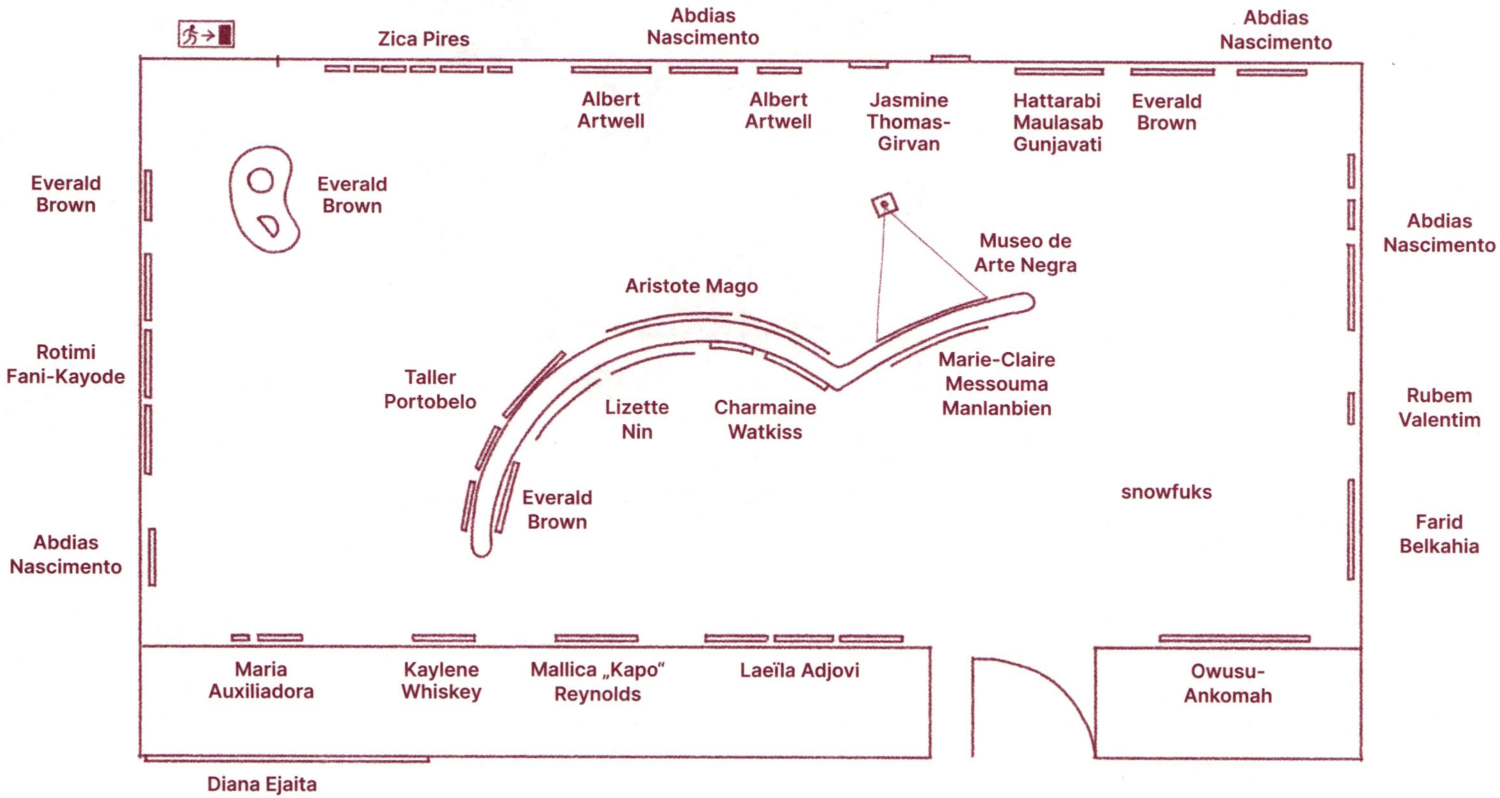
Zica Pires
Abdias Nascimento
Abdias Nascimento
Albert Artwell
Albert Artwell
Jasmine Thomas-Girvan
Hattarabi Maulasab Gunjavati
Everald Brown
Everald Brown
Everald Brown
Abdias Nascimento
Museo de Arte Negra
Aristote Mago
Rotimi Fani-Kayode
Taller Portobelo
Marie-Claire Messouma Manlanbien
Lizette Nin
Charmaine Watkiss
Rubem Valentim
Everald Brown
snowfuks
Abdias Nascimento
Farid Belkahia
Maria Auxiliadora
Kaylene Whiskey
Mallica „Kapo“ Reynolds
Laeïla Adjovi
Owusu-Ankomah
Diana Ejaita

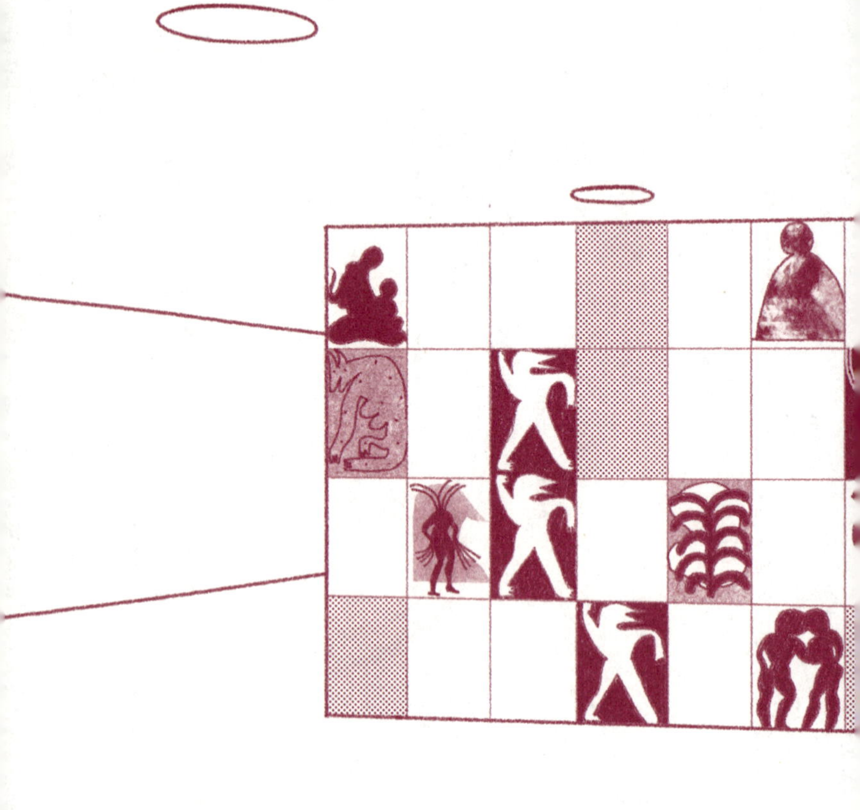

Diana Ejaita

1985, Cremona, Italien,
lebt in Mailand, Italien,
Berlin, Deutschland,
und Lagos, Nigeria

Diana Ejaita

Diana Ejaita arbeitet mit Installationen, Illustrationen und Textildesign, um die Traditionen des visuellen Erzählens ihrer afrikanischen Herkunft wiederzubeleben. Als nigerianisch-italienische Diaspora-Künstlerin beschäftigt sie sich mit Vorstellungen von Zugehörigkeit und der Wiederbelebung ästhetischer Genealogien des afrikanischen Kontinents. Dieses Oszillieren zwischen den Welten spiegelt sich in ihrer visuellen Neuinterpretation von Geschichten wie denen der nigerianischen Autoren Amos Tutuola und Chinua Achebe oder Erzähltechniken, die in westafrikanischen Textilien zu finden sind. Dabei nutzt sie Aufzeichnungen, die während ihrer Aufenthalte in Nigeria und Burkina Faso entstanden sind, um die generationenübergreifende Kraft von mündlich überlieferten Geschichten in den Mittelpunkt zu stellen.
Für *O Quilombismo* hat sie ein Wandbild mit einer Reihe von ineinander verschlungenen Figuren geschaffen, die Geschichten erzählen. Wie in den westafrikanischen Erzählungen, mit denen sich Ejaita beschäftigt, spielen auch in ihrem Werk Symbole eine wichtige Rolle, die als Brücken zu spirituellen Dimensionen dienen. Mit ihren auf Magie basierenden Fabel-Landschaften lädt die Arbeit dazu ein, über den visuellen Eindruck hinauszugehen, um sich für die Kommunikationskanäle zu den Ahnen zu öffnen. —EFB/PG

In Auftrag gegeben vom Haus der Kulturen der Welt (HKW), produziert von Diana Ejaita und HKW, 2023

Werk in der Ausstellung:
Bodies, Tales, and Landscapes. Progression III **(2023), gedruckte Plakate, je 42 × 59,4 cm**
Courtesy Diana Ejaita

Skizze zu *Bodies, Tales, and Landscapes. Progression III*

Rubem
Valentim

Farid
Belkahia

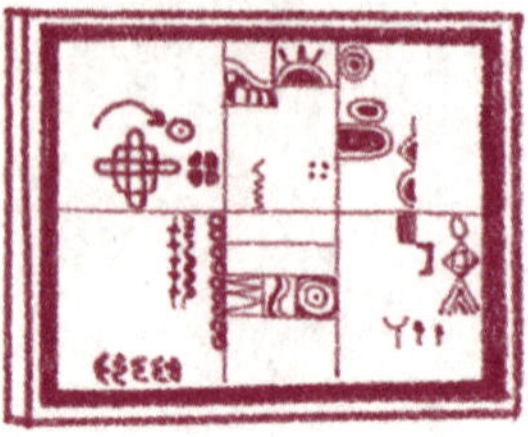

Owusu-Ankomah

1956, Sekondi-Takoradi, Ghana,
lebt in Bremen, Deutschland

Owusu-Ankomah

Owusu-Ankomah widmet sich den Schnittstellen von Symbolik, Ontologie und Identitätsfragen, seine Bildsprache konzentriert sich dabei auf Bewegung als entscheidendes Kriterium der Existenz. In vielen seiner Arbeiten, die sich auf Adinkra-Symbole und -Körper stützen, kommen die Gedanken, Philosophien, Werte und die Geschichte der Asante in Ghana zum Ausdruck. Diese spirituellen, philosophischen und physischen Realitäten bilden den Ausgangspunkt von Arbeiten, die Grenzen zwischen Vergangenheit und Gegenwart verwischen und eine beeindruckende Dokumentation dessen bieten, was Existenz bedeuten kann. Überlagert von menschlichen Figuren, vermitteln die in *Microcron Begins No. 16* und *Microcron Begins No. 19* dargestellten Adinkra-Muster überkommene kollektive Weisheiten und zeigen Perspektiven für die Zukunft auf. Über die formalistische Abstraktion hinaus entfaltet Owusu-Ankomahs Kunst damit die Möglichkeit, sich auf die alte und zeitgenössische philosophische Adinkra-Symbolik der Akan zu beziehen, die auf „Universen innerhalb von Universen, innerhalb von Multiversen" verweist. Als Figuren des Seins und des Werdens dramatisiert, laden die von Symbolen umrankten Körper in einen Bildraum ein, der die Betrachter*innen mit einem System der Reflexion und Meditation verbindet. Die Symbole, die in Owusu-Ankomahs Werk für Zuneigung, Wachsamkeit und Pflicht stehen, bieten Wege und Möglichkeiten zu Emanzipation und Austausch. —DMV/PG

oben: *Microcron Begins No. 16*
unten: *Microcron Begins No. 19*
Fotos: Joachim Fliegner

Werke in der Ausstellung:
Microcron Begins No. 16 (2013), Malerei, Acryl auf Leinwand, 180 × 280 cm
Microcron Begins No. 19 (2013), Malerei, Acryl auf Leinwand, 180 × 280 cm
Courtesy Owusu-Ankomah und October Gallery, London

Farid Belkahia

Farid Belkahia ist bekannt für seine Malerei und Arbeiten aus Leder und Metall, die inspiriert sind von der traditionellen Berberkultur und Architektur Marokkos. Als Künstler der Moderne, der stark von den erfolgreichen Unabhängigkeitsbestrebungen in Afrika beeinflusst war, trug er durch den Einbezug einer postkolonialen Perspektive maßgeblich zum Kunstverständnis des 20. Jahrhunderts bei. In Zeiten des Kalten Krieges studierte er in Paris Malerei und in Prag Theaterwissenschaften. Nach seiner Rückkehr in den 1960er Jahren, als Leiter der Casablanca Ecole des Beaux-Arts und Mitbegründer der Casablanca-School-Bewegung, entfernte Belkahia sich bewusst von der klassischen Tradition französischer Malerei. Seine visuelle Sprache rückt die Symbolik des marokkanischen Erbes ins Zentrum seines Werks und verweist zugleich auf seine Erfahrungen mit der minimalistischen und modernistischen Ästhetik Ost- und Westeuropas. Dieser Dialog wird in *Patchwork Culturel* verdeutlicht, in dem er traditionelle Techniken, Formen und Materialien wie Henna und Tierhaut verwendet, statt auf gängige westliche Mittel wie Leinwand und Ölfarben zurückzugreifen. Seine Kompositionen aus Kreisen, Linien, geometrischen Formen, gemischt mit Tifinagh-Buchstaben, erzeugen eine Dynamik, die koloniale Hierarchien aufbricht und Belkahia zum Vorreiter einer kritischen Hinterfragung und Überschreitung des kolonialen Erbes in der Kunst machen. —EFB

Foto: Courtesy The Ramzi and
Saeda Dalloul Art Foundation, Beirut

Werk in der Ausstellung:
Patchwork Culturel (1979), Malerei,
Pigmente auf Tierhaut, auf eine Tafel
montiert, 99,5 × 130 cm
Courtesy The Ramzi and Saeda Dalloul
Art Foundation, Beirut

1922, Salvador, Bahia, Brasilien –
1991, São Paulo, Brasilien

Rubem Valentim

Als einer der ersten afro-brasilianischen Künstler*innen, die in der internationalen Kunstwelt ein markantes Profil entwickelten, lenkte der autodidaktische Maler und Bildhauer Rubem Valentin die Aufmerksamkeit der Welt auf die Symbolik des Candomblé und anderer afro-brasilianischer spiritueller Praktiken, die von versklavten Yoruba-Völkern aus West- und Zentralafrika nach Abya Yala gebracht wurden. In der Emblema-Serie greift Valentim die westliche Hinwendung zu Abstraktion und Konkretismus in der Mitte des Jahrhunderts auf, indem er die vorherrschende Ästhetik mit verschiedenen Elementen afro-atlantischer Symbolik und Diagrammen, die sich historisch auf die Orishas (Yoruba-Geister) beziehen, verbindet und verwandelt. Valentims Bildsprache widersetzt sich dem Anspruch der Avantgardisten auf Neuheit, indem er ihre Methoden an brasilianische Bezugspunkte knüpft: auf der eine Seite das Land und die Menschen, deren Kultur die afro-brasilianischen Küsten Bahias dominiert, auf der anderen diejenigen, die im nationalen Diskurs oft vernachlässigt werden. Valentims Arbeit respektiert und feiert die kulturelle Komplexität Brasiliens, nähert sich der altehrwürdigen Candomblé-Praxis durch eine mathematische Sprache, die den exotistischen Bezugsrahmen in Frage stellt und in Dialog mit spirituellen Welten tritt. —SM

Werk in der Ausstellung:
Emblema V (1973), Malerei, Acryl auf Leinwand, 120 × 73 cm
Courtesy Estate Rubem Valentim, Mendes Wood DM, São Paulo, Brüssel und New York

Foto: Bruno Leão

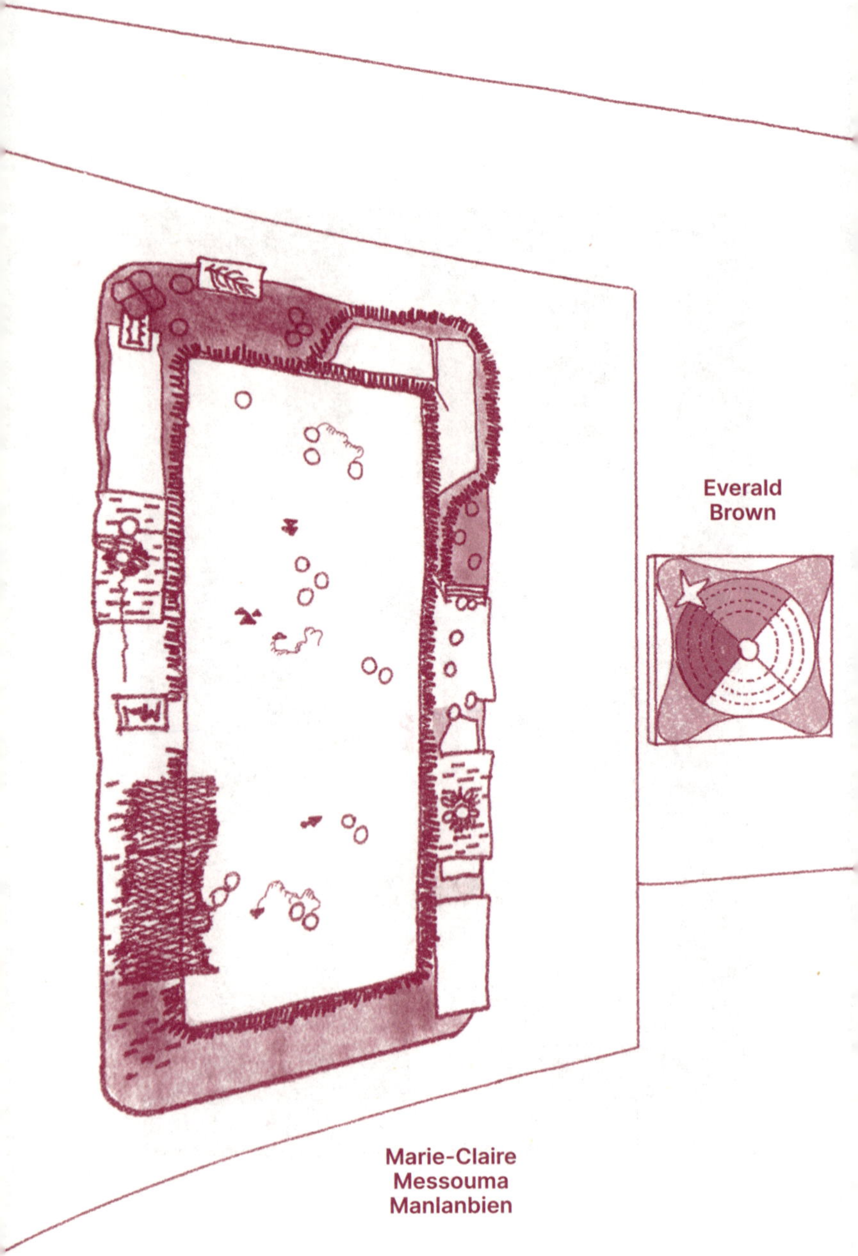
Everald Brown
Marie-Claire Messouma Manlanbien

Abdias
Nascimento
Abdias
Nascimento

Abdias Nascimento

1914, Franca, São Paulo –
2011, Rio de Janeiro, Brasilien

oben: *Oxunmaré Ascende*, rechts: *Quilombismo (Exu e Ogum)*
Fotos: Miguel Pacheco e Chaves, RCS Arte Digital

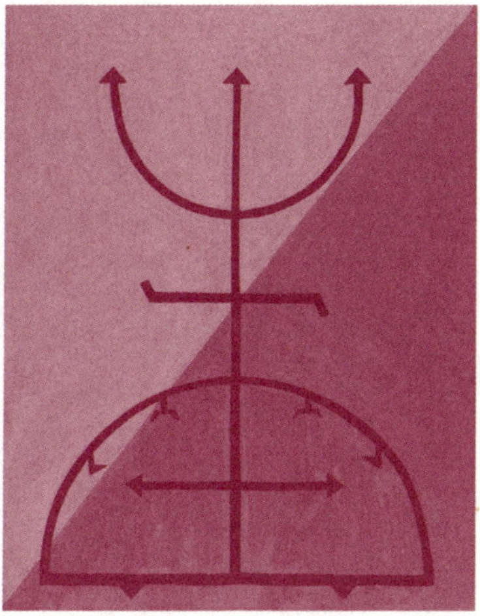

Werke in der Ausstellung:
Ponto Riscado da Liberdade (Sacred Sign for Freedom) **(1974), Malerei, Acryl auf Leinwand, 202 × 102 cm;** ***Quilombismo (Exu e Ogum) (Kilombism (Eshu and Ogun))*** **(1980), Malerei, Acryl auf Leinwand 71 × 56 cm ;** ***Afro Estandarte (African Standard)*** **(1993), Malerei, Acryl auf Leinwand, 80 × 50 cm;** ***Teogonia Afro-Brasileira n. 2: Iansã, Obatalá, Oxum, Oxóssi, Yemanjá, Ogum, Ossaim, Xangô, Exu (Afro-Brazilian Theogony no. 2: Iansan, Obatala, Oshun, Oshossi, Yemanja, Ogun, Osanyin, Shango, Eshu)*** **(1972), Malerei, Acryl auf Leinwand, 102 × 152 cm;** ***Baía de Sangue (Luanda) (Bay of Blood (Luanda))*** **(1996), Malerei, Acryl auf Leinwand, 80 × 100 cm;** ***Oxunmaré Ascende (Oshumare Rising)*** **(1972), Malerei, Acryl auf Leinwand, 152 × 102 cm. Courtesy Instituto de Pesquisas e Estudos Afro-Brasileiros IPEAFRO Museu de Arte Negra**

Abdias Nascimento, als Künstler, Autor und Aktivist eine der wichtigsten Persönlichkeiten der afro-brasilianischen und afrikanischen Welt/en, begann in den 1940er Jahren mit seiner Philosophie des Quilombismo einen pluriversalen Entwurf der Moderne zu entwickeln. Indem er an der Schnittstelle von Politik und Kunst seine Stimme gegen den Rassismus erhob, verhalf er afrikanischen Epistemologien zu ihrem Recht – als Wissensarchive künstlerischer, politischer und spiritueller Welten, die sich dem (Neo-)Kolonialismus widersetzen. Im brasilianischen Kontext stellte Nascimento den Mythos der „Democracia racial" infrage, der den strukturellen Rassismus in der Gesellschaft leugnete. Stattdessen wandte er sich den antikolonialen Bewegungen der Négritude und des Panafrikanismus zu, um afrikanische Kulturen durch globale Solidarität zu stärken. In Rio de Janeiro gründete Nascimento das Teatro Experimental do Negro (1944), die Zeitung *Quilombo* (1948), das Museu de Arte Negra (1950), das Instituto de Pesquisas e Estudos Afro-Brasileiros (IPEAFRO, 1981) sowie viele weitere Initiativen. Sein malerisches Werk entstand im Exil in den USA (1968–81), wohin er während der Diktatur in Brasilien emigrieren musste. Entgegen der extraktivistischen, formalistischen und kolonialen Konzepte des „Primitivismus", der „puren Abstraktion" und des „Universalismus" in der westlichen Moderne sind seine Bilder ein „Akt der Liebe" sowie Ausdruck der Handlungsfähigkeit und eigenständigen Wirklichkeiten afrikanischer Menschen. Darin enthalten sind Symbole der Orishas – die Gottheiten der afro-brasilianischen Candomblé-Religion –, die Adinkra-Ideogramme Westafrikas oder Aphorismen aus dem Alten Ägypten. Auch zeitgenössische quilombistische Kämpfe, wie der Unabhängigkeitskrieg in Angola (1961–74) sind Thema von Nascimentos Werken. —PG

Das Haus der Kulturen der Welt (HKW) dankt IPEAFRO/Afro-Brazilian Studies and Research Institute für die Zusammenarbeit.

Everald Brown, autodidaktischer Künstler und Mitglied der äthiopischen koptisch-orthodoxen Kirche, hat als Tischler gearbeitet und sich als Reggae-Musiker versucht. Sein künstlerisches Werk – Skulpturen, Schnitzereien und Malereien – steht in enger Verbindung zu seinen spirituellen Werten und Überzeugungen als praktizierender Rastafari. Dabei nimmt Brown immer wieder Bezug auf ältere kulturelle Bewegungen Jamaikas, wie Revivalism und Kumina, eine Religion, die sich aus Ritualen christlichen wie westafrikanischen Glaubens speist. *Mystical Signs*, um eine der Arbeiten herauszugreifen, weckt Erinnerungen an einen Kompass oder eine Zielscheibe. Die Kreisform ist in gelbe, rote, grüne und schwarze Bereiche aufgeteilt – Farben, die sich auf die jamaikanische Flagge (schwarz, grün, gold), die panafrikanische Flagge (rot, schwarz, grün) und die äthiopische Flagge (grün, gelb, rot) beziehen. Von vier blauen Buchten umgeben, scheint diese Scheibe auf dem Wasser zu liegen, als würde sie auf einem Ozean schwimmen. In diesem Sinne lässt sich die runde Form auch als Insel oder Ring lesen: ein metaphorischer Rückgriff auf Rastafari und Spiritualismus als Rettungsring oder Zufluchtsort, der Orientierung und eine Rückzugsmöglichkeit bietet. —EOS

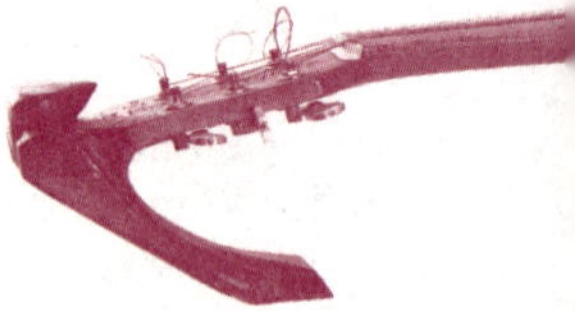

Werke in der Ausstellung:
Cotton Duppy Tree **(1994), Malerei, Mischtechnik auf Leinwand, 82 × 62 cm;** ***Ethiopian Apple*** **(1970), Malerei, Öl auf Leinwand, 63,5 × 90 cm;** ***Mystical Signs*** **(1994), Malerei, Öl auf Hartfaserplatte, 120 × 120 cm;** ***Dove Harp*** **(ca. 1973), Instrument, Metall, lackiertes Sperrholz, Holz und Kunststoff, H: 64,5 cm;** ***Starry Harp (Instrument for four people)*** **(1986), Instrument, Metall, lackiertes Sperrholz, Holz und Kunststoff, H: 73 cm. Courtesy National Gallery of Jamaica**

1917, Mado District, St. Ann, Jamaika –
2003, New York City, USA

Everald Brown

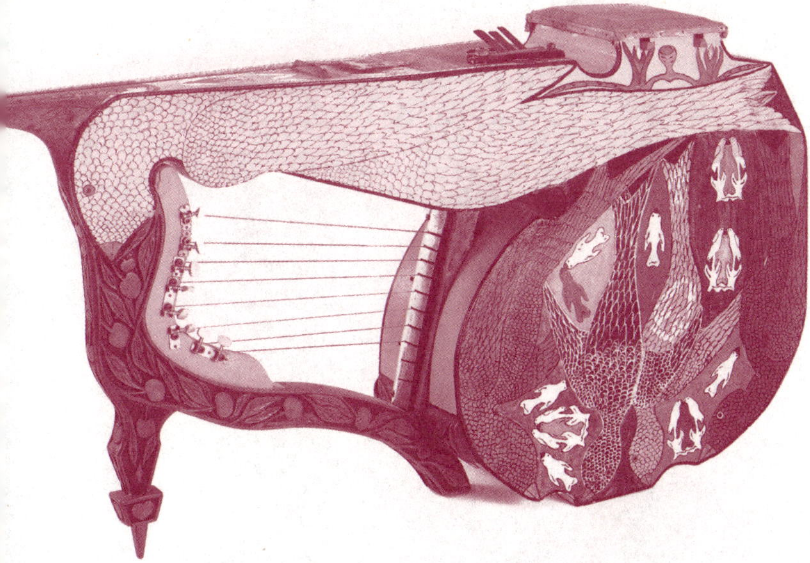

Starry Harp (Instrument for four people)
Foto: Courtesy National Gallery of Jamaica

1990, Paris, Frankreich,
lebt dort

Marie-Claire Messouma Manlanbien

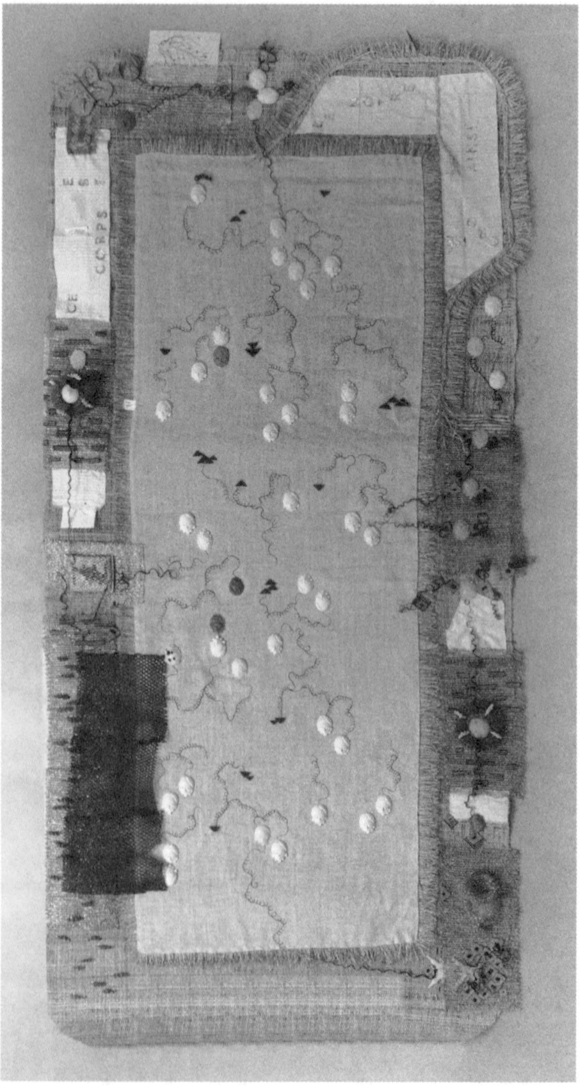

Die Werkreihe *#Map* führt verschiedene Kartografien zusammen, die historische, politische und gesellschaftliche Themenfäden verbinden, in denen Marie-Claire Messouma Manlanbiens Identität als Künstlerin zum Ausdruck kommt. In der feinfühligen Verwendung von organischen Materialien wie Haaren und Bastfasern zeigen sich die lebendigen und atmenden Eigenschaften ihrer Werke. *#Map* betont den kollektiven Körper, ist eine nicht-figurative Darstellung von etwas, das man zwar nicht sehen, aber streicheln und tragen kann, und schafft damit einen poetischen Raum und ein Experimentierfeld, in dem ohne Lenkung von außen etwas aktiviert wird, sobald der oder die Betrachter*in mit dem Werk in Kontakt tritt. Im Titel *Ce Corps est le nôtre* steckt die Frage, wer diese Behauptung eigentlich aufstellt. Ruft Messouma Manlanbien zur Wiederbelebung kollektiver Erinnerungen auf, die nicht stark genug repräsentiert wurden? Oder übermittelt sie eine Botschaft lebender Wesen, die unsichtbar sind, aber durch die in ihrer Arbeit verkörperten Rituale hörbar werden? *Ce Corps est le nôtre* bietet eine tragfähige Grundlage für die Begriffe der Kollektivität und Gemeinsamkeit, die Abdias Nascimento in seiner Philosophie des Quilombismo hervorhebt und die in der gesamten Ausstellung präsent sind. —AOW/MHP

Werk in der Ausstellung:
#Map – Ce corps est le nôtre **[Dieser Körper gehört uns] (2021), Jutefaser, Haare, Schrubber, Bastfaser, Aluminium, Kupfer, Harz, Kita-Baumwolle, 123 × 257 cm**
Courtesy Galerie Cécile Fakhoury, Abidjan, Dakar und Paris

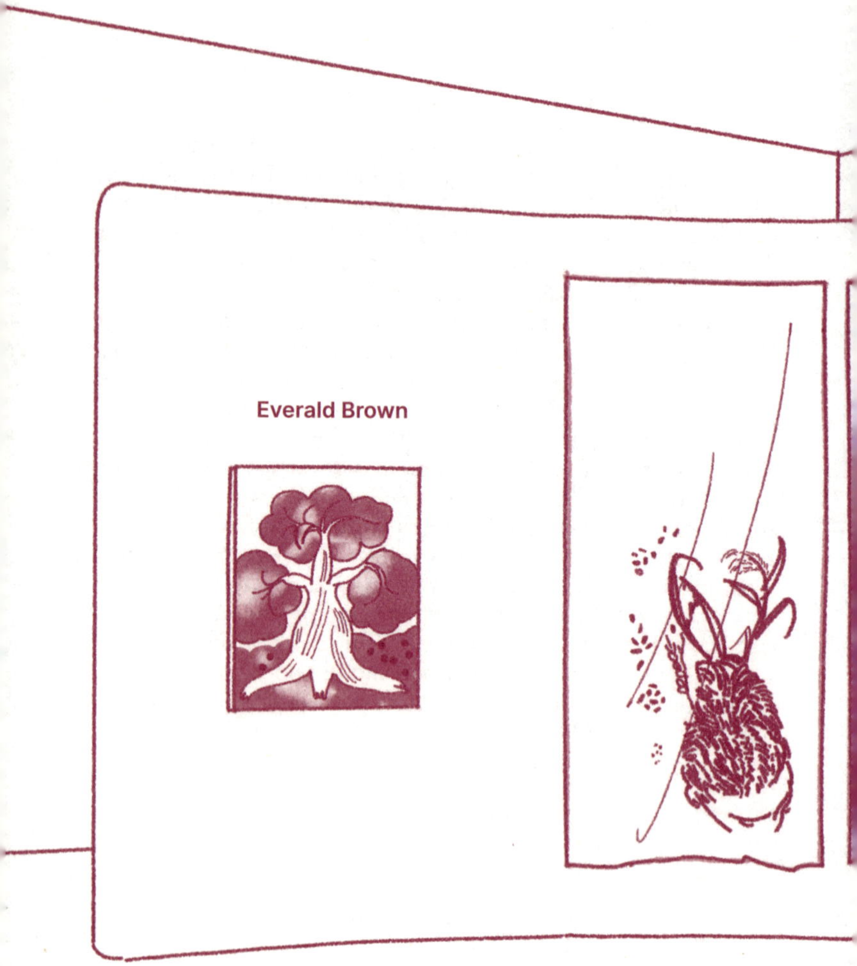

Lizette Nin

Charmaine
Watkiss

1964, London, UK,
lebt dort

Charmaine Watkiss

To stand Independent and proud I © VG Bild-Kunst, Bonn 2023.
Foto: Courtesy Charmaine Watkiss

Charmaine Watkiss, in England als Tochter jamaikanischer Eltern geboren, befasst sich mit erinnerten Geschichten, die sich aus kraftvoll-lebendigen Vorstellungswelten speisen. Im Mittelpunkt dieser Welten stehen auf Natur und Pflanzen bezogenes Wissen afrikanischer und afro-karibischer Tradition. Watkiss erforscht die heilende Kraft ihrer jamaikanischen, matrilinearen Abstammungslinie, in die sie schon in jungen Jahren von ihrer Tante eingeführt wurde. Die in ihren Zeichnungen dargestellten Kriegerköniginnen sind mit Pflanzen geschmückt, denen die heilende Kraft zugeschrieben wird, Frieden und sozialen Wandel zu bewirken. Die Verwendung natürlicher Materialien wie Kaffee und Holzkohle gemahnt an 500 Jahre der Ausbeutung und Versklavung, der afrikanische Menschen auf einer Reise ohne Wiederkehr ausgesetzt waren, um jene Waren zu produzieren, die den Reichtum Europas begründeten. In Watkiss' künstlerischer Praxis kommen afrikanische Traditionen zum Vorschein, die die Reise über den Atlantik überdauert und die karibische Kultur mitbegründet haben. Oft verwendet sie ihr eigenes Abbild als Referenz, indem sie sich selbst in aufrechter, stolzer Haltung zeigt, wie es für eine Trägerin gemeinschaftlichen Wissens und geteilter Erfahrung charakteristisch ist. Die Figur der kriegerischen Pflanzenkönigin steht auf festem Boden, ist im traditionellen Glauben verwurzelt und trägt ein auf Körper, Geist und Seele konzentriertes Versprechen der Heilung in sich. —MHP

Werke in der Ausstellung:
The Seed Sower's Almanack **(2022), Malerei, Kaffee, Grafit, Bleistift, Kohlestift, Aquarell, 22-karätiges Blattgold, Tusche auf Papier, gerahmt, 162 × 66 cm;** ***The Warrior's Way: Recalling the lost legacies*** **(2022), Malerei, Kaffee, Grafit, Bleistift, Kohlestift, Aquarell, 22-karätiges Muschelgold, Tusche auf Papier, gerahmt, 86 × 66 cm;** ***To stand Independent and proud I*** **(2022), Malerei, Kaffee, Grafit, Bleistift, Aquarell, 22-karätiges Muschelgold, Tusche auf Papier, gerahmt, 86 × 66 cm**
Courtesy Charmaine Watkiss und Tiwani Contemporary, London und Lagos

1984, Jimaní, Dominikanische Republik,
lebt in Barcelona, Spanien

Lizette Nin

Lizette Nin beschäftigt sich in ihrer intersektionalen künstlerischen Praxis mit der Dekonstruktion und Rekonstruktion afro-zentrischer Geschichten. Sie erschafft dazu Sprachen, mit denen sich Ursprünge, Identitäten und körperliche Existenzen adressieren und verhandeln lassen. Teil dieser Praxis ist das Palimpsest: das Umschreiben und Nacherzählen der nicht erzählten und vergessenen Geschichten rassifizierter Körper in einem historischen Kontinuum. Indem sie auf ihren fein gezeichneten, hybriden Bildern geflochtenes Haar organisch mit Pflanzen verbindet, definiert Nin in *Trails* – im Rückgriff auf ihre frühere Arbeit *Bajar con trenzas* – den Topos des Schwarzen Haars als Waffe im antikolonialen Widerstand und Bewusstsein. In den Zeichnungen wird das aus den in den Zöpfen verborgenen Samen neu entstehende Bild zum Medium von Fluchtrouten, Auswegen aus der Versklavung, einem Wegweiser in die Welt. In der Tradition der *marronage* als Formierung von Gemeinschaften durch geflüchtete versklavte Menschen zeigt *Trails* spielerisch die Spannung zwischen Wurzeln und Wegen, zwischen Verwurzelung und Flucht. —AOW

Werk in der Ausstellung:
Trails (2021/23), Drucke, Farbe auf Stoff, 120 × 260 cm
Courtesy Lizette Nin

En la corona todo crece (2022)
Tusche auf Papier

Higuereta para las hebras (2022)
Tusche auf Papier

1961, Kingston, Jamaika, lebt
in Port of Spain, Trinidad

Jasmine Thomas-Girvan

Jasmine Thomas-Girvan ist bekannt für ihre Assemblage-Ästhetik, bei der sie literarische, mündlich überlieferte und performative Praktiken mit visuellen Aspekten verbindet. Die Künstlerin, so Annalee Davis, „führt verschiedene Materialien zusammen, verbindet die logische, lineare Ebene mit der übernatürlichen und verknüpft das Innenleben der Menschen mit der äußeren Realität". *The Healing Stream* gleicht einer geöffneten Schriftrolle: Sie enthält Zeichnungen auf schwarzem Papier, die sich auf die Rastafari-Kultur beziehen, und lässt sich damit auch als Hommage an *The Royal Parchment Scroll of Black Supremacy* des Proto-Rastafari und Predigers Fitz Balintine Pettersburg von 1926 lesen. Der Titel *The Healing Stream* stammt aus einem jamaikanischen Volkslied, in dem es heißt: „Dip dem in the healing stream / Dip dem deep, but not too deep / Dip dem to cure bad feelings", und erinnert daran, dass die heilende Kraft des gepredigten Wortes, sei es in Liedern oder im Gottesdienst, in Schwarzer Geschichte eine wichtige Rolle spielt. *The Promised Key* bezieht sich auf eine 1935 veröffentlichte Schrift gleichen Titels, die von Leonard Howell – auch als der „erste Rastafari" bezeichnet – unter seinem indischen Pseudonym G.G. Maragh veröffentlicht wurde. Howell, der die Erlösung der Schwarzen predigte, wurde wegen Anstiftung zum Aufruhr verhaftet. Wegen seines Aktivismus geriet er zeit seines Lebens immer wieder ins Visier der Kolonialregierung. —AOW

Werke in der Ausstellung:
The Healing Stream (2022), Installation, Papier, Grafit, Acryl und Holz, L: 360 cm (Mrinalini Mukherjee Halle)
The Promised Key (2023), 7,6 × 7,6 × 10.1 cm, Installation, Glas, Sterlingsilber und Papier (Beatriz Nascimento Halle)
Babylon's Fortune foretold...But what about us? (2022), Installation, transparente Folie, Holz, 22,6 × 29 × 7,5 cm (Beatriz Nascimento Halle). Courtesy Jasmine Thomas-Girvan

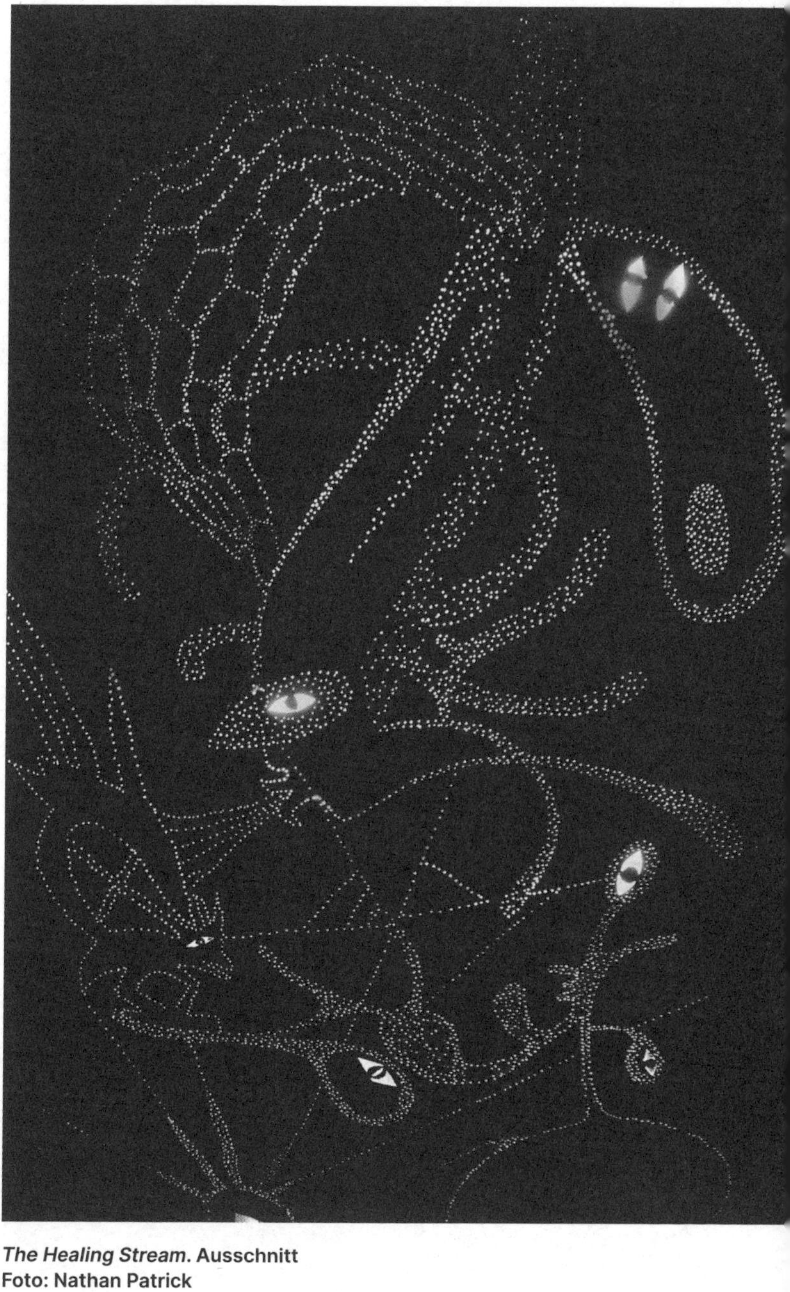

The Healing Stream. Ausschnitt
Foto: Nathan Patrick

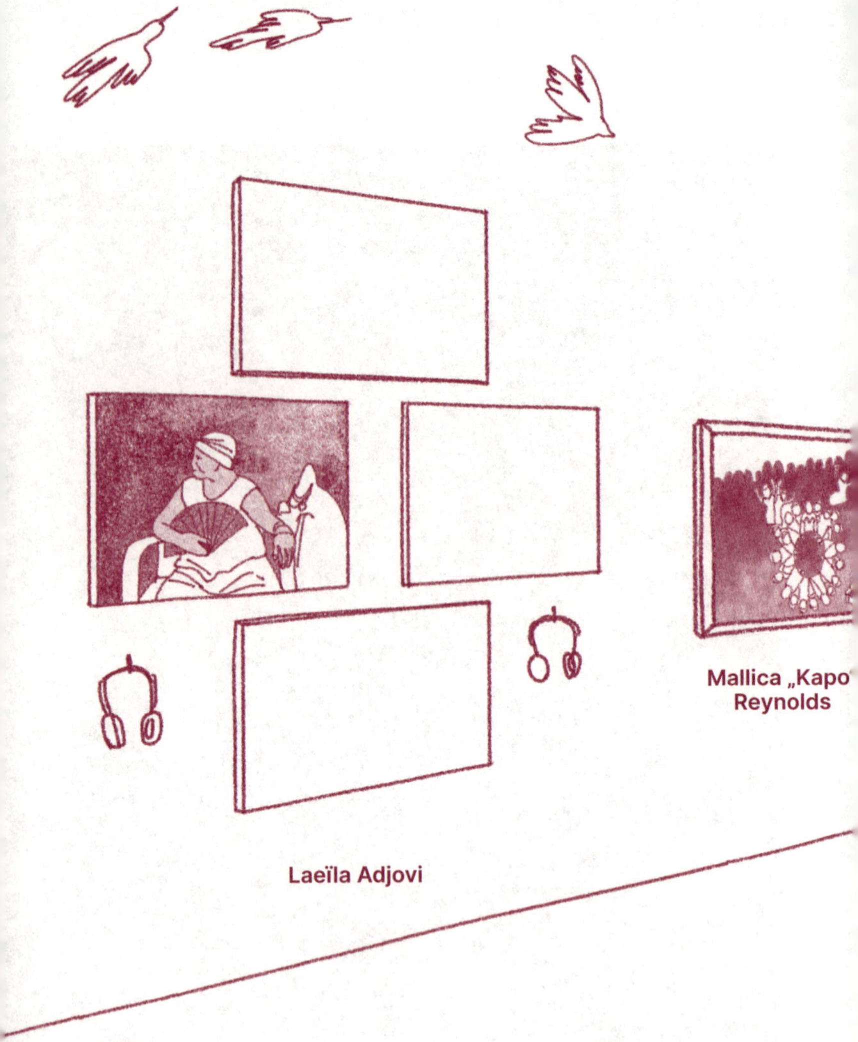
Mallica „Kapo
Reynolds
Laeïla Adjovi

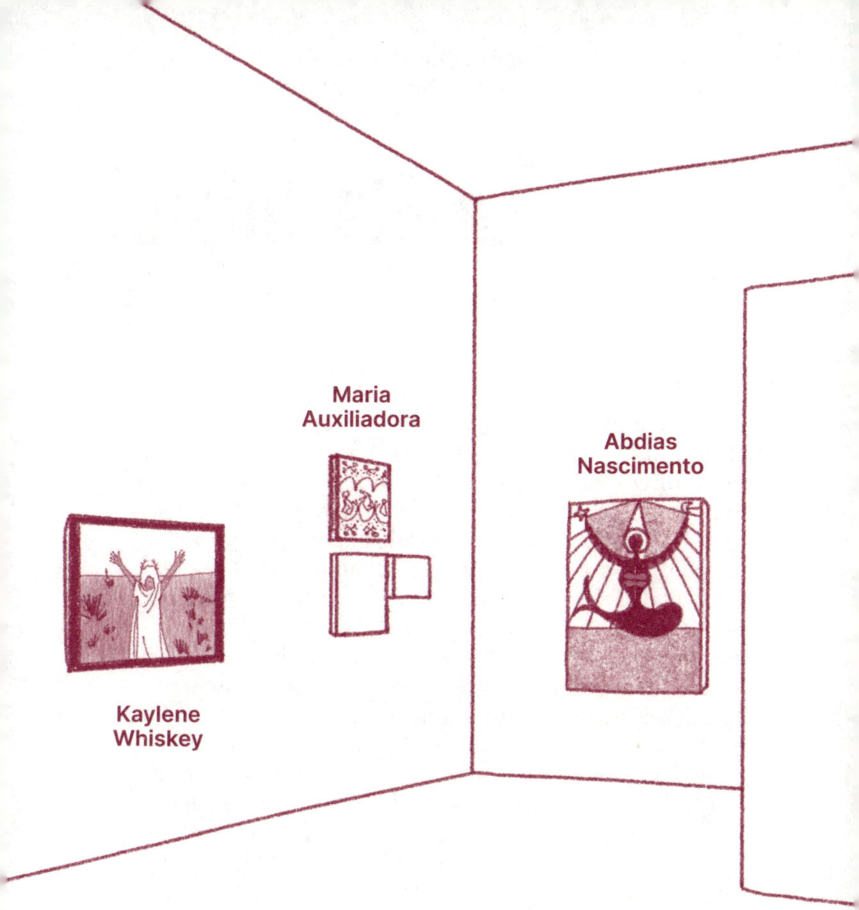

Maria Auxiliadora
Abdias Nascimento
Kaylene Whiskey

1982, Paris, Frankreich,
lebt in Dakar, Senegal

Laeïla Adjovi

Die Beninerin Laeïla Adjovi lebt als Reporterin, Fotografin, Autorin und künstlerische Forscherin in Dakar. Nach ihrem Publizistik- und Politologie-Studium in Frankreich arbeitete sie in Indien und auf der Pazifikinsel Neukaledonien. Diese Erfahrungen spiegeln sich in ihrer autodidaktischen fotografischen Praxis wie auch ihren plastischen Arbeiten, in denen sie Klang, Malerei und Zeichnung mit künstlerischen Manipulationen in der Dunkelkammer verknüpft. In ihrer Arbeit nutzt sie Storytelling-Verfahren, um die Beziehungen zwischen sozialen Klassen, Kulturen und Welten einer kritischen Befragung zu unterziehen. 2018 begann Adjovi mit der Serie *The Roads of Yemoja*, aus der auch ihr Beitrag zu *O Quilombismo* stammt. Über Fotografien und Klangwerke bezeugt sie Formen der Solidarität zwischen Bevölkerungen, ob afrikanischer oder nicht-afrikanischer Herkunft. Ihr interdisziplinäres Projekt sucht nach Spuren der Yoruba-Wassergottheit Yemoja, deren Traditionen bis heute an der westafrikanischen Küste, aber auch in der Karibik und in Südamerika praktiziert werden. *El Chino* beispielsweise zeigt einen religiösen Führer, einen Nachfahren chinesischer Zwangsarbeiter*innen, der sich infolge der Beziehungen zwischen der chinesischen Community und Afrikaner*innen in der Karibik der Verehrung Yemojas anschloss. An anderer Stelle erkundet Adjovi anhand der Beziehung zwischen dem kulturellen Erbe der Yoruba und der Ewe-Fon in Kuba, wie sich kollektive Erinnerung und kulturelle Hybridisierung verbreiten. —EFB

Agramonte, Cuba (2020)
Aus der Serie *The Roads of Yemoja*

Werke in der Ausstellung:
Aus der Serie *The Roads of Yemoja* (seit 2018):
El Chino und *Transatlantic fervor* (Fototriptychon), Foto- und Klanginstallation, Fotodruck auf Alu-Dibond, gerahmt, 80 x 64 cm; *Atunwa*, Klanginstallation, 8' 40"; *Eclat*, Klanginstallation, 7'; *Transe.mission*, Klanginstallation, 6' 50". Courtesy Laeïla Adjovi

1911, Byndloss, Saint Catherine, Jamaika –
1989, Kingston, Jamaika

Mallica „Kapo“ Reynolds

Mallica „Kapo“ Reynolds’ künstlerische Karriere begann in den 1930er Jahren, parallel zu seiner spirituellen Praxis als Prediger und späterer Bischof des St. Michael’s Revival Apostolic Tabernacle. Seine ersten Arbeiten können als eine Art Aufzeichnung der Visionen und spirituellen Begegnungen gelten, die er auf Reisen durch Jamaika und bei seiner Ankunft in Trenchtown, Kingston erlebte. Reynolds war massiver Verfolgung ausgesetzt, einige seiner frühen Arbeiten wurden vermutlich als Beweise für seine spirituellen Obeah-Praktiken konfisziert. *Kubalee* zählt zu seinen späteren Werken: Es zeigt aus der Vogelperspektive eine Gruppe Menschen bei einer gemeinsamen Mahlzeit. In einer Zeit reicher Ernte finden sie sich zum Essen an einem runden Tisch ein, manche kommen mit weiteren Feldfrüchten aus der üppig gestalteten Umgebung hinzu. Als Dokument der verschiedenen spirituellen Traditionen, mit denen Reynolds vertraut war, steht die Mahlzeit für Gemeinsamkeit und Konvivialität, eine alltägliche Zeremonie, gespeist aus spirituellen Praktiken der Karibik. —EOS

Werk in der Ausstellung:
Kubalee (1972), Malerei, Acryl auf Leinwand, 76 × 122 cm. Courtesy National Gallery of Jamaica

Foto: Donnette Zacca

1976, Mparntwe [Alice Springs], Australien,
lebt in Indulkana, Australien

Kaylene Whiskey

Die Yankunytjatjara-Künstlerin Kaylene Whiskey ist bekannt für ihre Porträts starker Kungkas (Frauen in der Pitjantjatjara-Sprache). In ihren Bildern und Videos mischen sie sich unter Pop-Ikonen wie Tina Turner, Cher und Dolly Parton, gerne auch Superheldinnen wie Wonder Woman oder Catwoman, gelegentlich ist sogar eine Figur aus der christlichen Mythologie dabei. Im Kurzfilm *Ngura Pukulpa – Happy Place* bekommen die Zuschauer*innen einen umfassenden Eindruck von Whiskeys Land, über das sie in enger Verbindung zu den Ahnen und mit beeindruckender Fabulierkunst herrscht. Im Tiefflug über weite Landschaften, teils in Begleitung von Persönlichkeiten, die ihrem Pinsel auf der Leinwand entsprungen sind, tanzt sie mit dieser Partytruppe feiernd über Ländergrenzen und Fantasiewelten hinweg. Tiere, Geister, Sterne und Popstars – sie alle feiern Whiskey und verweisen auf die komplexen Landschaften aktueller Erzählungen der First Nations. Sie wird verehrt als Ikone, als Diva, als Modell der Stärke von Frauen vieler Welten, deren Stimmen nicht immer im Zentrum der Geschichte standen. Spaß wird hier zur höchsten Form politischer Affirmation, steht für die Präsenz und Lebendigkeit der Künstlerin und ihrer Community. —CC

Werk in der Ausstellung:
Ngura Pukulpa—Happy Place
(2021), Video, 8' 07"
Courtesy Kaylene Whiskey

Standbilder von den Dreharbeiten zu *Ngura Pukulpa—Happy Place*

1935, Campo Belo, Minas Gerais, Brasilien – 1974, São Paulo, Brasilien

Maria Auxiliadora

Mit *Samba* und in ihren unbetitelten landwirtschaftlichen Szenen erinnert uns Maria Auxiliadora an die feministische Forderung, dass das Persönliche politisch ist. Ihre autodidaktische Kunst zeigt Szenen des häuslichen und ländlichen Lebens, afro-brasilianische Religionen, Tanz und Karneval, sowie alltägliche Situationen von Festlichkeit und Volkskultur. Auxiliadora stammt aus einem armen Arbeiterhaushalt mit afrobrasilianischer Tradition, künstlerische Tendenzen waren bei vielen Familienmitgliedern ausgeprägt. Sie begann früh mit verschiedenen Praktiken zu experimentieren und setzte ihre künstlerische Tätigkeit parallel zu ihrer Arbeit als Hausangestellte fort – eine Arbeit, die sie im Alter von zwölf Jahren aufnahm, um ihre Familie zu unterstützen. Als sie sich verstärkt der Malerei zuwandte, floss auch ihre Arbeit als Stickerin in einer Fabrik im Brás-Viertel von São Paulo in ihre Kunst ein, der sie immer wieder neue Texturen hinzufügte, auch ihr eigenes Haar. Zu internationaler Anerkennung gelangte Auxiliadora erst nach ihrem Tod. Heute gelten ihre Arbeiten als eine politische Intervention, die nicht-hegemoniale Kulturen und das alltägliche Leben der Menschen in ihnen reartikuliert. —SM

Werke in der Ausstellung:
Samba (1969), Malerei, Mischtechnik auf Leinwand, 49,7 × 64,6 cm. Courtesy Musée d'Art Naïf et des Arts Singuliers, Laval; ohne Titel (1972), Malerei, Mischtechnik auf Leinwand, 19 × 26 cm; ohne Titel (1974), Malerei, Gouache auf Karton, auf Eucatex aufgeklebt, 50,5 × 67 cm. Courtesy Estate Maria Auxiliadora und Mendes Wood DM, São Paulo, Brüssel und New York

Samba. Foto: Courtesy Musée d'Art Naïf et des Arts Singuliers

ohne Titel (1974). Foto: Bruno Leão

Rotimi Fani-Kayode
Everald Brown
Everald Brown

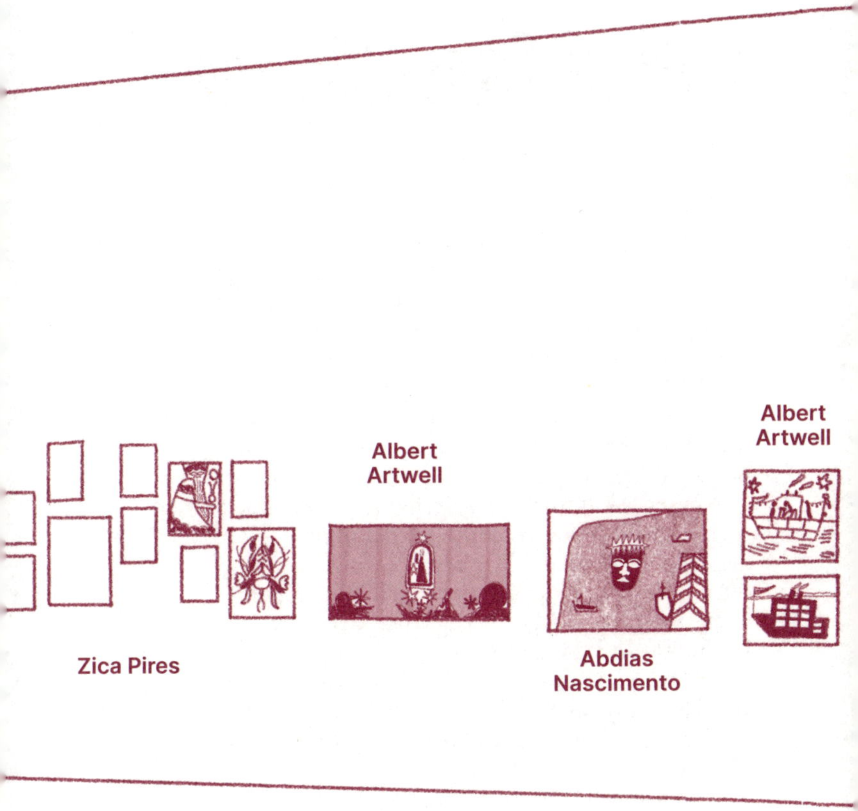
Albert
Artwell
Albert
Artwell
Zica Pires
Abdias
Nascimento

1955, Ile-Ife, Nigeria –
1989, London, UK

Rotimi Fani-Kayode

Mit seiner Kunst, die konsequent Verschränkungen zwischen Queer-Sein, Spiritualität und dem männlichen afrikanischen Körper untersucht, avancierte Rotimi Fani-Kayode zu einer einflussreichen Figur in den Schwarzen britischen Fotografie-Kreisen der 1980er Jahre. *Sonponnoi* zeigt den Oberkörper und die Oberschenkel eines jungen Schwarzen Mannes, bemalt mit schwarzen, weißen und rosafarbenen Flecken; die Hände halten fünf brennende Kerzen. Skulpturale Darstellungen von Ṣọ̀pọ̀na – Yoruba-Gott der Erde und der Krankheit –, auf den sich der Titel des Werkes bezieht, zeigen ihn oft von farbigen Flecken bedeckt. Doch Ṣọ̀pọ̀na ist in der Yoruba-Mythologie auch der Gott der Heilung – was gängige Gegensatzpaare wie gesund/krank infrage stellt. Eine der letzten Arbeiten von Fani-Kayode, *Every Moment Counts*, zeigt den gekrümmten Rücken eines jungen Schwarzen Mannes – eine Haltung, die ihn besonders verwundbar macht für die Blicke anderer. Eine Hand, die, zwischen seinen Beinen hervorkommt, packt von unten seinen Hintern. Die weiße Maske, die an den Habitus von Pestärzten im 17. Jahrhundert erinnert, unterstreicht nicht nur die Bedrohung, die AIDS in den 1980er Jahren für die queeren Communitys darstellte, sondern auch das doppelte Stigma, das Schwarzen queeren Menschen anhaftete. Die mutige Subversion von Yoruba-Symbolen und -Bedeutungssystemen eröffnet queeren Afrikaner*innen bis heute einen Horizont der Freiheit.
—EOS

Werke in der Ausstellung:
Every Moment Counts **(1989), Fotografie, 120 × 120 cm**
ohne Titel (1987–88), Fotografie, 120 × 120 cm
ohne Titel (1987–88), Fotografie, 120 × 120 cm
Courtesy The Walther Collection, Neu-Ulm

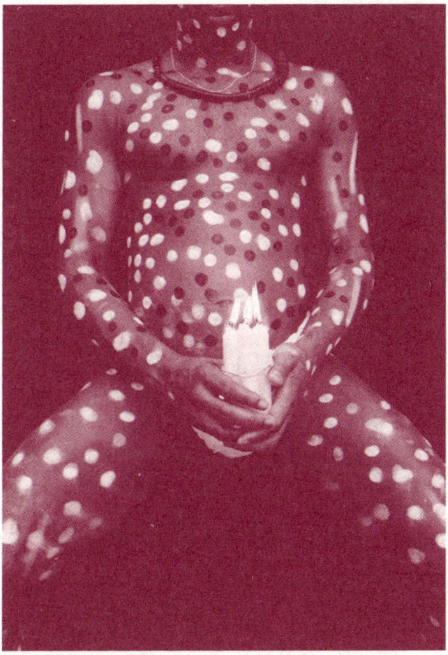

Sonponnoi (1987) © Rotimi Fani-Kayode
Courtesy of Autograph, London

Every Moment Counts (Ecstatic Antibodies) (1989)
© Rotimi Fani-Kayode, Courtesy Autograph, London

Zica Pires

Zica Pires ist eine Künstlerin und Aktivistin, die sich im Kampf gegen die Wasserprivatisierung engagiert und in den sozialen Medien ihre Stimme der Kampagne *¡Água para os povos!* (Wasser für die Armen!) leiht, um international Aufmerksamkeit zu erzeugen. Geboren im Quilombo Santa Rosa dos Pretos de Itapecuru-Mirim – einem Ort, der von Schwarzen gegründet wurde, die aus Guinea-Bissau auf die Plantagen verschleppt worden waren und sich gegen ihre Versklavung auflehnten – hält die junge Künstlerin mit ihrer Arbeit die Wurzeln und Kulturen der Quilombos in Ehren. Darüber hinaus unterrichtet sie die Geschichte und Kultur afrikanischer und indigener Völker im Grund- und Sekundarschulunterricht. In ihrer Kunst spiegelt sich ihre pädagogische und aktivistische Praxis wider, die untrennbar mit ihren Wurzeln in den Quilombos und deren Kampf für die Befreiung der Schwarzen verbunden ist. Die ausgewählten Illustrationen, die Titel wie *Cidade Possivel* tragen, stellen Göttinnen dar oder thematisieren die Verflechtung von Natur und menschlicher Infrastruktur. Sie stellen eine Zukunft in Aussicht, die sich in Harmonie mit menschlichem und nicht-menschlichem Leben entfaltet. —SM

***Quilombo Continuum*,**
Screening und Gespräch mit Juliana M. Streva, Zica Pires und Carol Barreto am Sonntag, 4. Juni, 13:30, siehe S. 269

Werke in der Ausstellung:
***Lord* (2020), Malerei, Kugelschreiber, Buntstift auf Papier, 21 × 29,7 cm; *Dambirãn* (2022), Malerei, Grafit, Tusche, Stofffarbe, Acryl auf Leinwand, 30 × 23 cm; *Guinça* [Orientierung] (2022), Malerei, Acryl, Perlen, Federn auf Leinwand, 30 × 23 cm; *Cidade Possível* [Mögliche Stadt] (2021), Malerei, Kugelschreiber auf Papier, 21 × 29,7 cm; *Velho do alto do mundo* [Alter Mann auf dem Gipfel der Welt] (2023), Malerei, Kreidestifte auf Papier, 21 × 29,7 cm; *Mensageiro* [Bote] (2023), Malerei, Buntstifte auf Papier, 21 × 29,7 cm; *Mãe d'água* [Mutter des Wassers] (2023), Malerei, Buntstifte auf Papier, 21 × 29,7 cm; *Caminho de Narrativas Quilombolas* [Quilombola-Erzählpfad] (2023), Zeichnung, Grafit auf Papier, 21 × 29,7cm; *Zandia Ayala* (2023), Zeichnung, Grafit auf Papier, 60 × 30 cm; *Cigarra* [Zikade] (2023), Malerei, Aquarell auf Papier, 29,7 × 42 cm; *Semente* [Samen] (2023), Malerei, Aquarell auf Papier, 29,7 × 42 cm. Courtesy Zica Pires**

1994, Quilombo Santa Rosa dos Pretos, Itapecuru-Mirim, Maranhão, Pindorama, Brasilien, lebt seit 347 Jahren, und auch seit 1994, im Quilombo Santa Rosa dos Pretos

1942, Catadupa, St. James, Jamaika –
2018, St. James, Jamaika

Albert Artwell

Albert Artwell, bekannt für seinen unverwechselbaren flächigen und illustrativen Stil, gilt als Mitbegründer der jamaikanischen intuitiven Malerei. Häufig gab er bekannte biblische Szenen wieder, aber mit einem Sinn für Humor und Situationskomik, der den überlieferten Beschreibungen jener Szenen abgeht. Sein Werk wurde oft als *Art brut* verkannt, eine Einordnung, die das scharfe Auge des Künstlers für Sozialkritik außer Acht lässt. Eines der hier gezeigten Gemälde, das häufig als *Black Star Liner* bezeichnet wird, zeigt ein schwarzes Schiff, das gerade in See sticht, wahrscheinlich in Richtung Afrika. Die Passagier*innen sitzen in komischer Ernsthaftigkeit, in Erwartung ihrer „Rückfahrt". Artwell bezieht sich ironisch auf die berühmte *Back-to-Africa*-Kampagne, mit der der jamaikanische Schwarze Nationalist Marcus Garvey Anfang des 20. Jahrhunderts Afro-Amerikaner*innen auf den afrikanischen Kontinent umsiedeln wollte. Die Kampagne scheiterte, weil Garvey die Eigenständigkeit seiner Zielgruppe unterschätzt hatte: Die Menschen hatten kein Interesse daran, in ein fernes, ihnen unbekanntes gelobtes Land zu reisen. Sie kämpften lieber dort, wo sie lebten, für eine freie Gesellschaft. —EOS

Werke in der Ausstellung:
Judgement Day (1979), Gemälde, Öl auf Hartfaserplatte, 60 × 116 cm. Courtesy David Boxer/Onyx Foundation; ohne Titel (*Red, Green and Gold Boat*) (o. J.), Malerei, Acryl auf Hartfaserplatte, 62 × 62 cm; ohne Titel (*Black Star Liner*) (o. J.), Malerei, Öl auf Leinwand, 48 × 64 cm Courtesy Josef Forstmayr

Judgement Day. Foto: Courtesy National Gallery of Jamaica

Hattarabi
Maulasab
Gunjavati
Jasmine
Thomas-Girvan

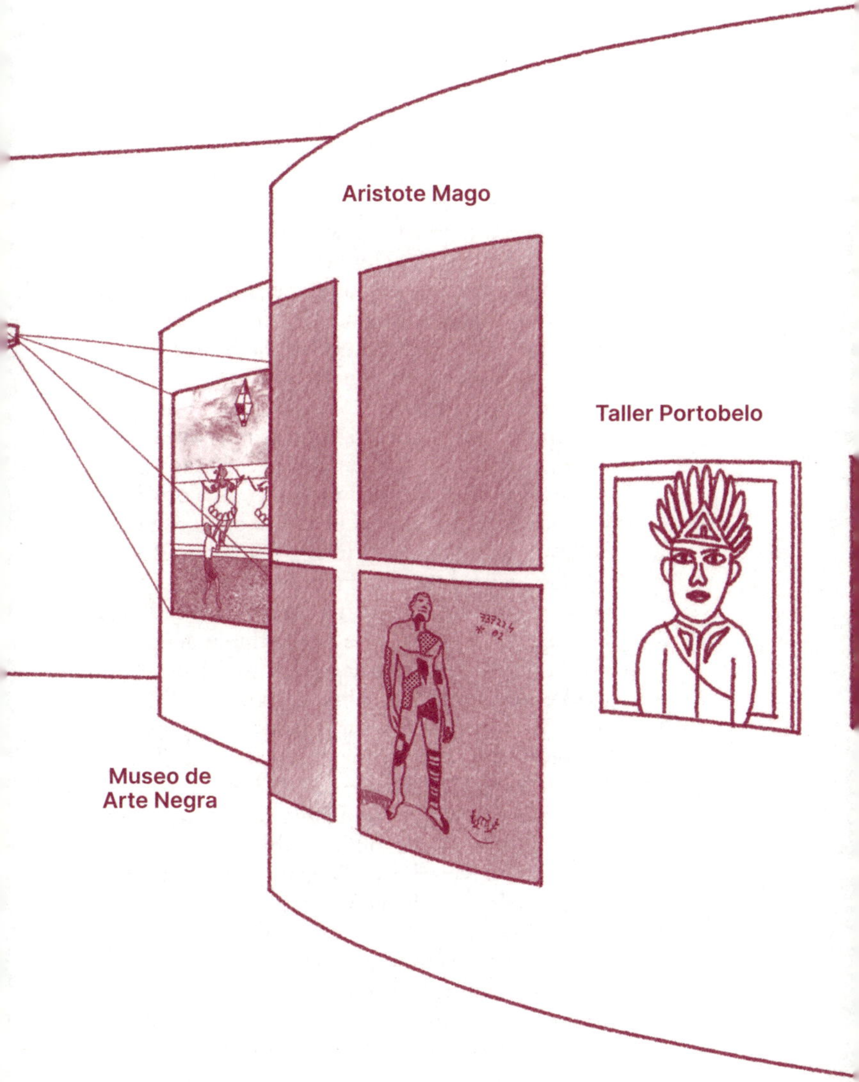

snowfuks

Portobelo, Panama

Taller Portobelo

„Wisse, wer du bist, bevor es dir jemand sagt", ist ein beliebtes Sprichwort bei den Wolof in der westafrikanischen Region Senegambia, von denen die Congos in Portobelo, Panama, abstammen. Es ist auch die Inspiration für die Bilder von Taller Portobelo. 1995 gründete Virgilio „Yaneca" Esquina, ein führendes Mitglied der Community, zusammen mit der Fotografin Sandra Eleta und dem Künstler, Kulturforscher und Pädagogen Arturo Lindsay die Malwerkstatt, aus der Arte Congo entstand, eine neue und einzigartige afro-panamaische Richtung in der bildenden Kunst. Die Congos führen ihre Herkunft auf die Cimarrones zurück, selbstbefreite Afrikaner*innen in Panama. Sie wehren sich gegen die Auslöschung der afrikanischen Identität, Erinnerungen und Kultur durch die Versklavung und führen den Widerstand ihrer Vorfahren in Kunst, Musik, Tanz, Sprache, Mode, Essen, Straßentheater, *palenques* (befestigte Dörfer) und Karneval fort. Der Beitrag von Taller Portobelo zu *O Quilombismo* manifestiert sich in Darstellungen ihrer unauslöschlichen Identität: die souveräne Herrscherin ihrer matriarchalen Gesellschaft, Königin María Merced, ein Kräuterheiler (*Hiervatero*), ein König, der mit der tropischen Landschaft verschmilzt (*Rey Guacamayo*) und die Widerstandsfähigkeit der Community, wie in *Judimingue nunko modidá* beschworen. Mit ihrer Praxis verkörpern und feiern Taller Portobelo die Tradition und das Ethos der Gleichberechtigung, der Solidarität und des Gemeinschaftssinns sowie die Verbundenheit mit den Vorfahren und der Umwelt – den grundlegenden Aspekten des Quilombismo. —RC/A

Ariel „Pajarito“ Jiménez, *King Guacamayo*

Gustavo Esquina de la Espada
María Merced

Werke in der Ausstellung:
Know who you are before someone tells you (2023), Malerei verschiedener Künstler
Gustavo Esquina de la Espada, *María Merced* (2022), Malerei, Acryl, Spiegelscherben auf Leinwand, 70 × 60 cm
Virgilio „Yaneca“ Esquina, *Hiervatero* (2013), Malerei, Acryl, Spiegelscherben auf Leinwand, 78 × 83 cm
Ariel „Pajarito“ Jiménez, *King Guacamayo* (2009), Malerei, Acryl, Spiegelscherben auf Leinwand, 112 × 100 cm
Manuel Tatu Golden, *Judimingue nunko modidá* [Cimarrones never die] (2019), Malerei, Acrylfarbe, Federn, Muscheln, Samen und Spiegelscherben auf Leinwand, 70 × 60 cm
Courtesy die Künstler

Fotos: Aurora Fierro Eleta

1988, Kinshasa, Kongo, lebt dort

Aristote Mago

Aristote Mago wurde in Kinshasa geboren, einer der pulsierendsten Städte des afrikanischen Kontinents. Wie viele andere Kinois ist er stark von der Kultur der *débrouillardise* beeinflusst – ein Begriff, der Kreativität und Innovation als Überlebensstrategien in einer sich rasant entwickelnden Metropole beschreibt. Mago hat eine Praxis entwickelt, die Geschichten und Erinnerungen mit akuten soziopolitischen Fragen verknüpft. Sein Upcycling vorgefundener Materialien folgt einer langen künstlerischen Tradition, die in den 1960er Jahren in den westlichen und zentralen Teilen des afrikanischen Kontinents entstanden ist – nicht nur als Reaktion auf den Mangel an Materialien, wie sie Künstler*innen anderswo zur Verfügung standen, sondern auch als Möglichkeit, der zunehmend konsumorientierten Ausrichtung künstlerischer Produktion zu begegnen. Säcke aus Jute, einer Naturfaser, und aus Polypropylen sind Magos bevorzugte Bildleinwände. Beide Materialien sind seit langer Zeit mit dem Handel und Transport von Massenprodukten wie Kaffee, Bananen, Yamswurzeln, Holzkohle oder Zucker verbunden. In seinen Szenen aus dem Alltagsleben rückt der Künstler soziale und politische Themen wie die Ausbeutung von Land und die Klimakrise, Sexualität und Queerness sowie Demokratie und freie Meinungsäußerung in den Mittelpunkt. —MHP

In Auftrag gegeben vom Haus der Kulturen der Welt (HKW), produziert von Aristote Mago und HKW, 2023

Werke in der Ausstellung:
Entre Coupe **(2023), Malerei, Mischtechnik, Collage aus synthetischem Baumwollfaden und Spitze auf Juteleinwand, 199 × 150 cm;** ***Elombe*** **(2023), Malerei, Mischtechnik, Collage aus synthetischem Baumwollfaden und Spitze auf Juteleinwand, 199 × 150 cm;** ***Empereur*** **(2023), Malerei, Mischtechnik, Collage aus synthetischem Baumwollfaden und Spitze auf Juteleinwand, 150 × 149 cm**
ohne Titel (2023), Malerei, Mischtechnik, Collage aus synthetischem Baumwollfaden und Spitze auf Juteleinwand, 150 × 149 cm
Courtesy Aristote Mago

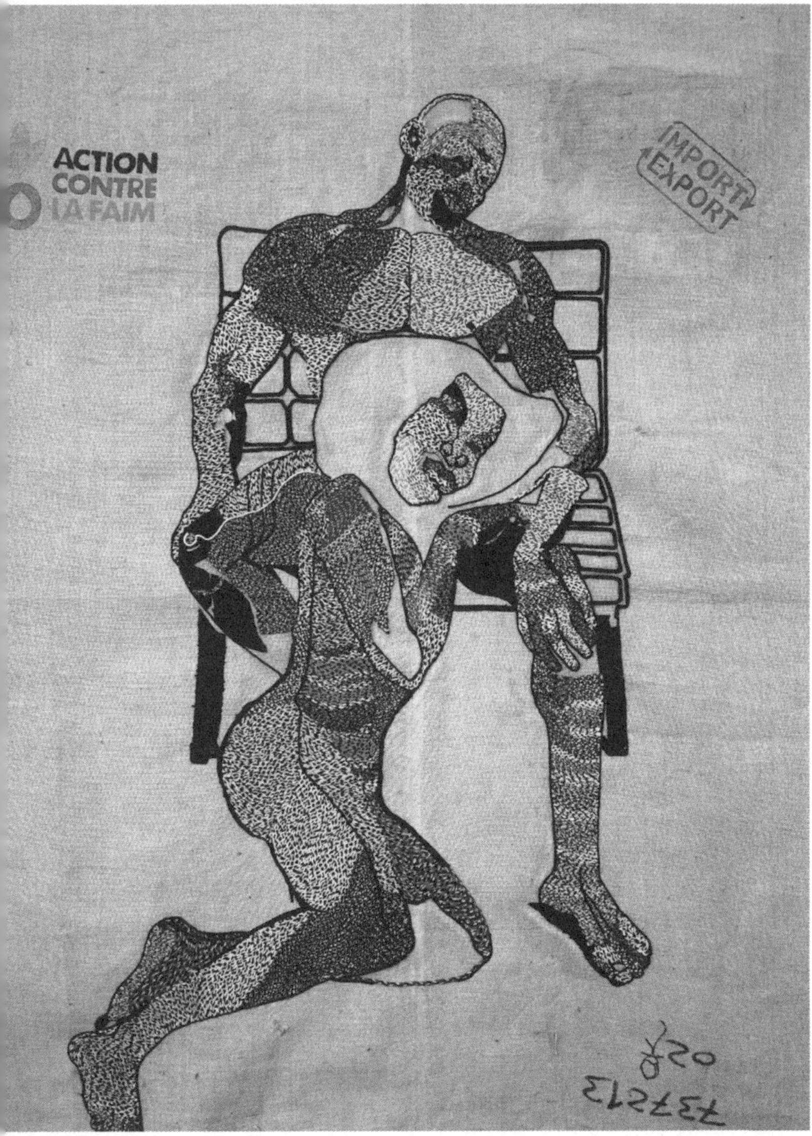

Entre Coupe © VG Bild-Kunst, Bonn 2023
Foto: kin artstudio

Hattarabi Maulasab Gunjavati

Die Siddi-Communitys, die an der Westküste Indiens leben, stammen ursprünglich aus den östlichen Regionen des afrikanischen Kontinents. In ihre heutigen Siedlungsgebiete kamen sie im Laufe des vergangenen Jahrtausends unter unterschiedlichsten Umständen: als Händler*innen entlang der somalisch-indischen Handelsrouten (abgelöst von der Swahili-indischen Route), als Seeleute, Söldner, Aristokrat*innen, aber auch als Versklavte. Zum Erbe der Siddi in Indien zählen die Königshäuser von Bengal, Ahmadnagar und Janjira neben vielen weiteren politischen und militärischen Führungspersönlichkeiten. Mehrere Siddi-Communitys haben erfolgreich in Indien kastenlose Gesellschaften aufgebaut, deutlich egalitärer als die dominanten Strukturen ihrer Umgebung. Die Frauen haben eine eigene Quilt-Kunst entwickelt: Sie ist ständig im Wandel, hat eine detailreiche, beeindruckende Form lebendiger Abstraktion entwickelt und beruft sich auf keine andere kunsthistorische Genealogie. Die textilen Werke erinnern an Quilt-Praktiken in verschiedenen afro-diasporischen Gemeinschaften in den Amerikas, sprechen aber eine ganz eigene künstlerische Sprache. Dazu gehören verschiedene ästhetische und Schutz bietende Strategien, wie die Muster an den Ecken, die als Amulette und Sicherheit versprechende Formen dienen sollen. —CC

Quilts von Bastin Santan Diggekar, Shakirambi Ganishab Tattongi, Bibijan Babushab Gunjavathi, Badimabi Gafarsab Ugrani und Saidambi Imamasab Naik sind in der Mrinalini Mukherjee Halle zu sehen, siehe S. 96.

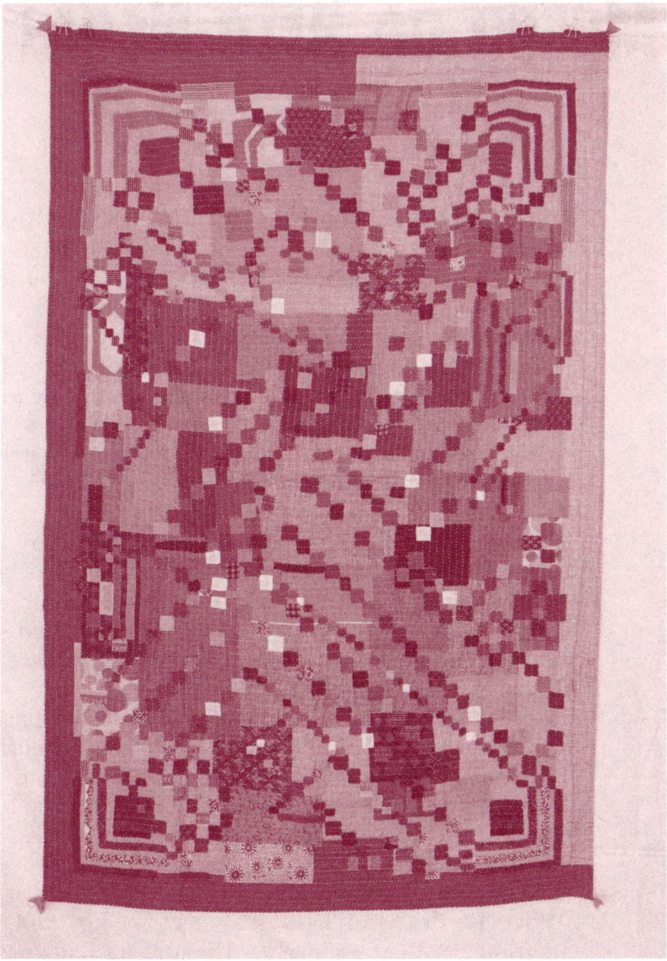

Foto: Anitha N Reddy

Werk in der Ausstellung:
ohne Titel (2023), Textilarbeit,
handgenähter Siddi Kavand (afrikanisch-
indischer Quilt) mit Stickerei, 140 × 226 cm

Museu de Arte Negra

Das Museu de Arte Negra (MAN) wurde 1950 in Rio de Janeiro vom Teatro Experimental do Negro unter der Leitung von Abdias Nascimento gegründet. Das der Kunst und Kultur von Menschen afrikanischer Abstammung gewidmete Museum ging aus dem ersten Congresso do Negro Brasileiro als museologischer Arm des Kampfes gegen Rassismus und epistemische Gewalt hervor. Wie andere Praktiken, die die Philosophie des Quilombismo lebendig werden lassen, stellt das MAN die kolonialen Strukturen der modernen Kunst in Frage und bietet einen Raum für Künstler*innen, die bewusst ignoriert wurden oder deren Kunst auf ethnografische Artefakte reduziert wurde. Es prangert die Plünderung afrikanischer Kunst durch westliche Museen an und beschäftigt sich mit der Frage, wie man sich von den Vorurteilen befreien kann, die in den Diskursen über „primitive“ oder „naive“ Kunst mitschwingen, um afrikanischer Kunst den gleichen Status wie moderner Kunst zuzugestehen. 1955 organisierte das MAN den Wettbewerb Cristo Negro, an dem mehr als hundert Künstler*innen teilnahmen, die sich den „entfremdenden ästhetischen Standards des Weißseins“ in einem Akt der Rückaneignung widersetzten. Zu einer Unterbrechung der Aktivitäten des MAN kam es, als Nascimento 1968 aufgrund der Repressionen der Diktatur ins Exil ging. Seit 1981 ist die Sammlung der etwa fünfhundert Werke im IPEAFRO untergebracht, das Nascimento nach seiner Rückkehr nach Rio de Janeiro gründete, um die quilombistische Agenda kultureller Affirmation weiterzuverfolgen. —PG

Das Haus der Kulturen der Welt (HKW) dankt IPEAFRO/ Afro-Brazilian Studies and Research Institute für die Zusammenarbeit.

Auswahl von Kunstwerken aus der Sammlung
Digitale Diashow (2023)
Courtesy Instituto de Pesquisas e Estudos Afro-Brasileiros (IPEAFRO), Rio de Janeiro

Heitor dos Prazeres, *Crianças com balão* [Kinder mit Ballon] (1965), Öl auf Leinwand

Januário, *Belãmin, menina* [Belãmin, Mädchen] (1982), Acryl auf Leinwand

2001, São Paulo, Brasilien
lebt in Diamantina, Minas Gerais, Brasilien

snowfuks

Werk in der Ausstellung:
Outros Navios (2023), 5'
Produziert und vorgetragen von snowfuks
Mix/Master/Gitarre: Pedro Henrique da Silva Lima
Text: Eustáquio Neves

Komposition als Klangumgebung im Ausstellungsraum
Courtesy die Künstler*innen

Outros Navios

Braços tempestuosos,
profundos, atlânticos,
abraçam me liquídos em seu sal,
em torrente veias,
em silencio que atormenta
e congela o tempo
em infinita noite.
Desesperadamente,
preciso romper
a cortina turva que separa
minha mente da razão,
estou a poucos passos do meu segundo inferno
e o primeiro ainda arde em minha carne
estou a um disparo de toda minha crença

A incerteza é a droga que me consome aos poucos
quanto mais incerteza mais entorpece a mente
mas o mar não tem limites, parece.
Arde ainda esse inferno, agora por toda mente
e os sonhos caem em cinzas gris, um a um.
Estou a um disparo de toda minha crença

Ha uma vertigem de cetim sob os pés
na geografia imprecisa.
Um nome que insisto em chamar
trás, uma paz breve e um delírio febril
de seus sussurros colados em meu rosto
e assim me mantenho de pé
quando estou a um disparo de toda minha crença

Esse ópio, o poder,
quer tomar minhas forças,
meus olhos,
meu sexo,
minha mente,
meu corpo, em fim.
Pés que já quase desaprenderam andar
recusam tombar meu corpo sobre essa cova rasa.
quando ainda estou a quase um disparo da minha
crença

Gunta Stölzl Foyer

S. 214 Carol Barreto
S. 216 Ana Beatriz Almeida in Zusammenarbeit mit Cici de Oxalá
S. 220 Assaf Gruber

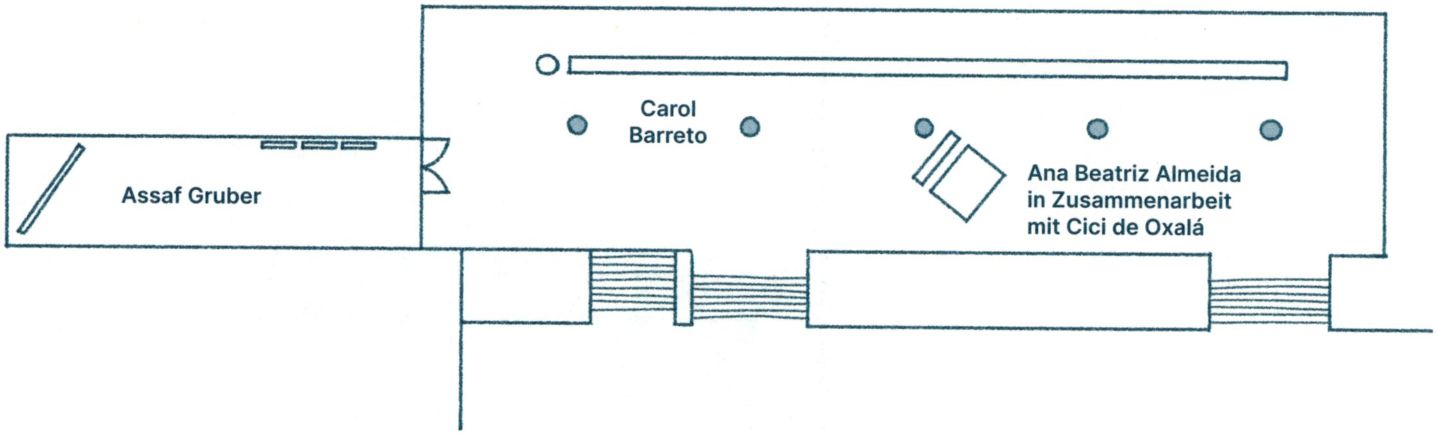
Carol
Barreto
Ana Beatriz Almeida
in Zusammenarbeit
mit Cici de Oxalá
Assaf Gruber

Ana Beatriz Almeida
in Zusammenarbeit
mit Cici de Oxalá

Carol Barreto

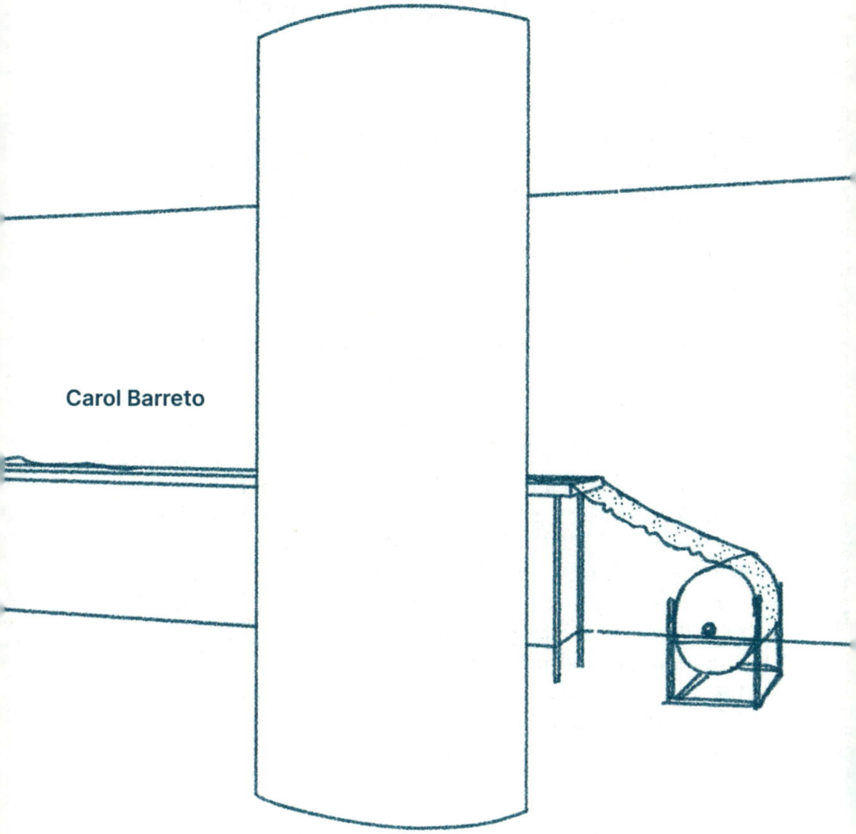

1980, Santo Amaro, Bahia, Brasilien,
lebt in Salvador, Bahia, Brasilien

Carol Barreto

Carol Barreto offenbart die affirmativen gemeinschaftsstiftenden Erzählungen, die in die Stoffe und Kleidungsstücke von Frauen aus den Quilombos im Nordosten Brasiliens eingewoben sind. Die bildende Künstlerin, Professorin und Designerin erforscht in ihrem Projekt *ModAtivismo* die Beziehung zwischen Mode und feministischem, antirassistischem Aktivismus und setzt sich für bewussten Konsum und Partizipation statt Ausbeutung ein. Barretos Kollektionen wie *VOZES* [Stimmen] (2015–17), die auf brasilianischen und internationalen Laufstegen gezeigt wurden, haben nicht nur Diskussionen über das Erbe des Kolonialismus, sondern auch über den Widerstand der Quilombos in der Region Recôncavo Baiano ausgelöst. Die Kollektion *Asè* [Lebenskraft] (2016–22), inspiriert von mündlich überlieferten kulturellen und religiösen Praktiken, in denen die Verbundenheit mit Afrika durch die Vorfahren und eine Wertschätzung Schwarzer Geschichte in Brasilien zum Ausdruck kommt, bildet die Grundlage für ihre Installation *Omi*. Aus einer langen Schleppe, die 40 Meter des Garderobentresens im HKW bedeckt und an ein Tischtuch erinnert, geht ein skulpturales Kleid hervor. Es besteht aus verschiedenen Kleidungsstücken der Familie, wie dem Taufkleid der Künstlerin und ihrem Yarogba-Kostüm aus der Candomblé-Gemeinschaft Nação Ketu, verbunden mit in Handarbeit hergestellten Stoffstücken. Tonaufnahmen von Wellen auf der Ilha de Maré und dem Klicken der Spulen der Quilombola-Frauen, mit denen sie zusammenarbeitet, bilden die von Laila Rosa geschaffene Klangumgebung. —A

In Auftrag gegeben vom Haus der Kulturen der Welt (HKW), produziert von Carol Barreto und HKW, 2023

***Quilombo Continuum*,**
Screening und Gespräch mit Juliana M. Streva, Zica Pires und Carol Barreto am Sonntag, 4. Juni, 13:30, **siehe S. 269**

Retrato de Família, Fotoserie
Fotos: Roque Boa Morte

Werke in der Ausstellung:
Omi [Oma] (2021–23), Installation, Stoff, Baumwollfaden, Kleidungsstücke, geklöppelte Spitze, Renaissance-Spitze, Stickereien, Fuxico, Textilabfälle, handgefertigte Textilien, Tischdecke aus sechzehn verschiedenen Spitzenstücken, je 260 × 40 cm, historische Kleidungsstücke, verschiedene Größen, und ein Spitzenkissen, ca. 30 × 45 cm; *Retrato de Família* [Familienporträt] (2021), Fotoserie, Fotograf: Roque Boa Morte. Courtesy Carol Barreto

1987, Niteroi, Brasilien, lebt in London, UK

Ana Beatriz Almeida in Zusammenarbeit mit Cici de Oxalá

1939, Rio de Janeiro, Brasilien, lebt in Salvador, Brasilien

Ana Beatriz Almeida ist eine bildende Künstlerin und Geschichtenerzählerin, deren Arbeit sich auf afrikanische Traditionen und deren Verbindungen zur geschichtlich gewachsenen afrikanischen Diaspora konzentriert. Sie hat eine Reihe von Ritualen zu Ehren der Menschen entwickelt, die den transatlantischen Sklavenhandel nicht überlebt haben, aber im Geiste weiterleben. In ihrem Kurzfilm lässt Almeida die Griotte Cici de Oxalá von der Erschaffung der Welt erzählen. Die Figur des Griots hat in den afrikanischen Traditionen eine sehr hohe Symbolkraft. Sie sind Träger des kollektiven Gedächtnisses, die Communitys durch eine unermüdliche Weitergabe der Werte der Vorfahren und des spirituellen Glaubens zusammenhalten. In den senegalesischen Wolof-Traditionen wurde die physische Anwesenheit der Griots über den Tod hinaus ausgedehnt, indem ihre Körper in den Stämmen von Baobab-Bäumen beigesetzt wurden. Auf diese Weise, so der Glaube, konnte ihr Wissen in den Baum eindringen und noch Jahrhunderte später in der Nähe bleiben. In einer starken und poetischen Geste ruft de Oxalá dazu auf, sich wieder mit der Natur zu verbinden: Sie erinnert an den allerersten Schöpfungsakt, der die Welt, in der wir leben, hervorgebracht hat. —MHP

Foto: Shai Andrade

Werk in der Ausstellung:
Griot narrative on the creation of the world (2022), Video, 1'44"
Courtesy Ana Beatriz Almeida und Shai Andrade

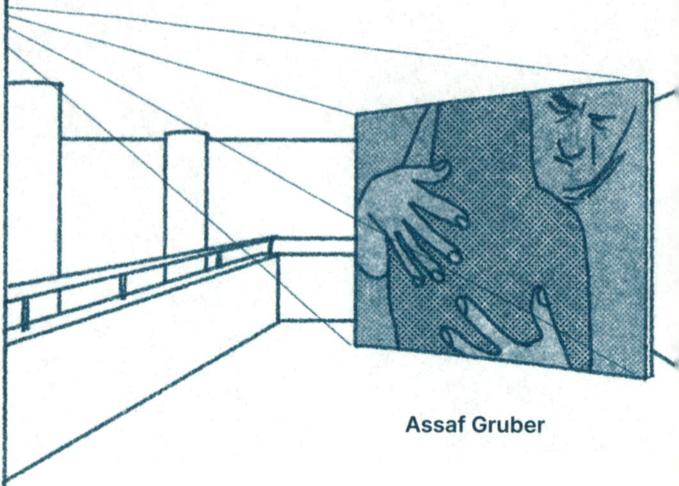

Assaf Gruber

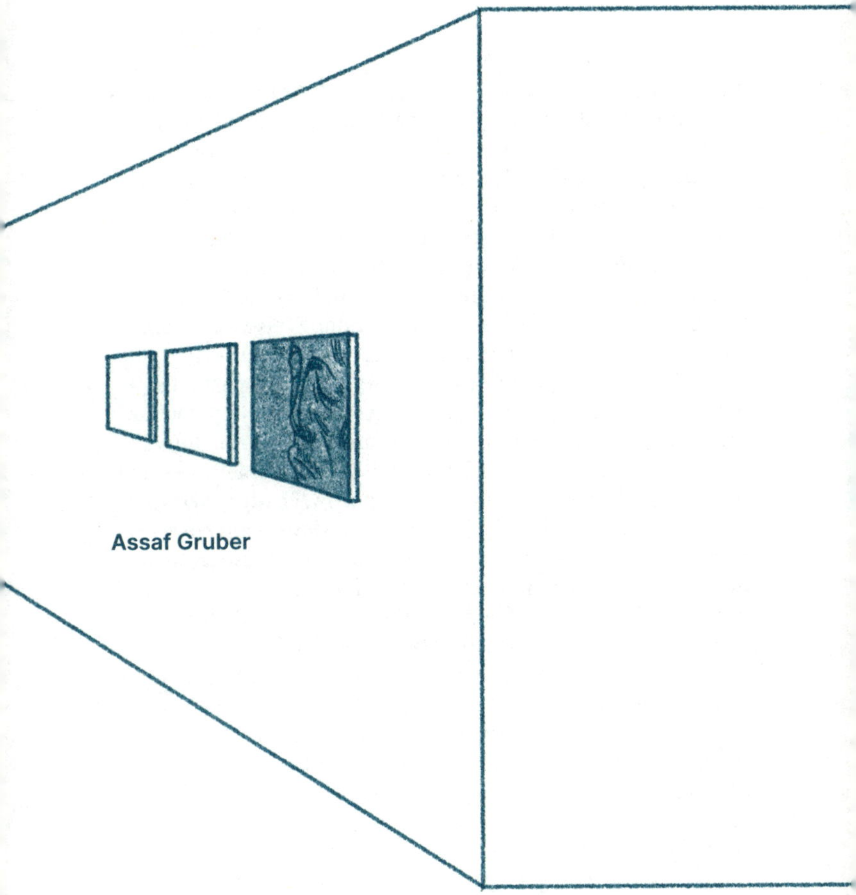

Assaf Gruber

1980, Jerusalem

Assaf Gruber

Never Come Back taucht archäologisch tief in die dunklen Seiten der Bewusstseins- und Gedächtnisstrukturen europäischer Kultur ein – hier stellvertretend anhand eines Kunstmuseums, der Neuen Galerie in Graz. Ein nackter Akkordeonspieler wandert durch die Lagerräume des Museums und zieht mittelmäßige, stimmungsvolle Gemälde heraus, die folkloristische europäischen Szenen und Landschaften darstellen, teils von Tieren bevölkert. Die Bilder changieren in beklemmender Weise zwischen ländlichem Idyll und einer nationalsozialistisch instrumentalisierten Vorstellungswelt. Der Akkordeonspieler jedenfalls scheint in den Gemälden Inspiration zu suchen, die er schließlich auch findet: Die unerkennbaren Töne, die er im ersten Teil des Films noch zaghaft spielt, verdichten sich schließlich zu einer Version von *Voyage, Voyage*, dem paneuropäischen Pop-Oldie von 1986. Unterlegt von Szenen und Nahaufnahmen der Gemälde offenbart sich der zutiefst verstörende Liedtext – den wohl kaum jemand beachtet hatte. Diese Gemälde wurden tatsächlich von enthusiastischen Nazis geschaffen, deren Werk nach wie vor in den Lagern der Museen aufbewahrt wird. Der Liedtext transportiert einen erschreckenden Exotismus, ein Verlangen danach, im Geist des europäischen Imperialismus die Welt in Besitz zu nehmen und zu konsumieren. Der Titel des Films geht auf eine Zeile aus dem Lied zurück, birgt aber auch einen unheimlichen Verweis auf die Geister des Nazismus und Kolonialismus, die noch immer in Europa umgehen. Neben dem Video zeigt *The Conspicuous Parts* eine unheimlich anmutende Fotoserie Korallen in scheinbar natürlichen Landschaften, die in Wirklichkeit in Formaldehyd konservierte Dioramen sind. Sie sind Relikt eines anderen überraschenden kolonialen Abenteuers: einer Expedition der Deutschen Demokratischen Republik nach Kuba in den 1960er Jahren, bei der sechs Tonnen Korallen erbeutet wurden. —CC

Werke in der Ausstellung:
***Never Come Back* (2022), Videoinstallation; *The Conspicuous Parts* (2018), C-Prints, variable Maße**
Courtesy Assaf Gruber

***Never Come Back*, Videostills**

Ceija Stojka Foyer, Miriam Makeba Auditorium, Paulette Nardal & Les Nana Benz Terrassen

S. 228 Leo Asemota
S. 230 Archive Ensemble
S. 234 Oscar Murillo
S. 238 Ibrahim Mahama
S. 240 Olu Oguibe

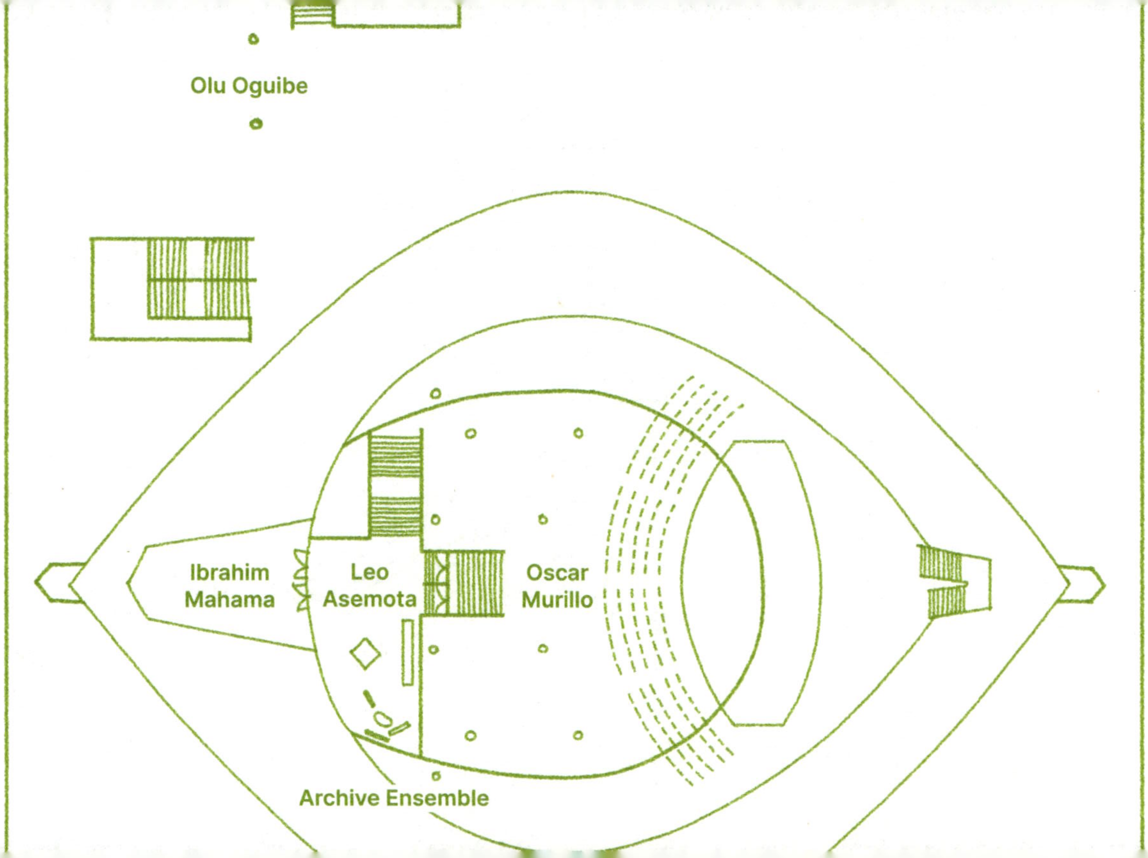
Olu Oguibe
Ibrahim Mahama
Leo Asemota
Oscar Murillo
Archive Ensemble

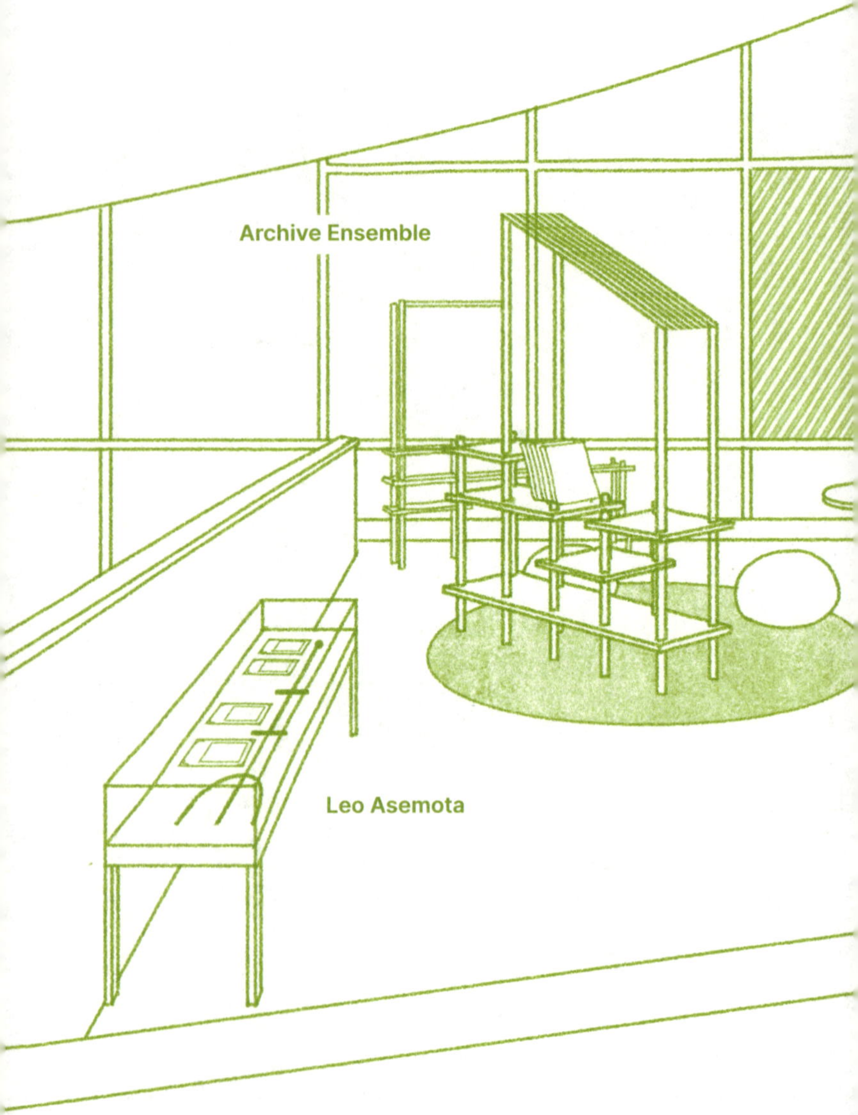
Archive Ensemble
Leo Asemota

Leo Asemota

Edo native, lebt in London, UK, und Benin City, Nigeria

Leo Asemota

Für O *Quilombismo* konstruiert Leo Asemota ein Werk, das sich zum einen auf die Werte *ìmò* (Erfahrung) und *òótó* (Bezeugung) des Yoruba-Wissens und zum anderen auf das *ABC des Quilombismo* von Abdias Nascimento stützt. Asemotas Ansatz konzentriert sich auf die drei Buchstaben K, W und Y, die im brasilianischen Portugiesisch nur in *estrangerismos* vorkommen, Lehnwörtern aus anderen Sprachen. Im *ABC des Quilombismo* ordnet Nascimento die Buchstaben K den Kimbundu und Y den Yoruba zu, um Herkunft und Verbundenheit der Afro-Brasilianer*innen mit der afrikanischen religiösen und kulturellen Identität zu betonen; W bezieht Asemota auf *work*, um den Sinn von Arbeit und Wirtschaft in Nascimentos Ideologie zu erfassen. —LA

In Auftrag gegeben vom Haus der Kulturen der Welt (HKW), produziert von Leo Asemota und HKW, 2023

***(H)-KWY ìmò*, Live-Kunstwerk von Leo Asemota am Sonntag, 4. Juni, 18:00, siehe S. 271.**

Werk in der Ausstellung:
***(H)-KWY: òótó* (2023): *Flight Path I: Within / Beyond*, Zeichnung, Grafit und Acryl auf Papier; *Flight Path II: Star*, Zeichnung, Grafit auf Papier; *Flight Path III: NE / SW*, Zeichnung, Grafit und Orhue (Kaolin) Acryl auf Papier; *Flight Path IV: NW*, Zeichnung, Grafit und Orhue (Kaolin) Acryl auf Papier; *Flight Path V: Deep South*, Zeichnung, Blauer Grafit auf Papier; alle Zeichnungen in Skizzenhaltern aus nigerianischem Ziegenleder mit Goldprägung und grünem Titel sowie vergoldeten Ecken, je 14 × 22 cm; *Exu and Ogum (After Abdias do Nascimento)*, Schmiedeeisen, 50 × 170 cm; *Primer*, Orhue (Kaolin) und Blattgold, variable Maße, weiteres Material: zehn Palmwedel, Orhue (Kaolin) auf brasilianischem Holz, 30 × 45 cm; Vier Monitore mit HD-Farbfilmen und Ton (mit der unbearbeiteten Videoaufzeichnung von *ìmò*, die täglich um 18:00 Uhr zu exakt der Zeit wiederholt wird, in der das Live-Kunstwerk ursprünglich aufgeführt wurde). Courtesy Leo Asemota**

Primer, Orhue (Kaolin) und Blattgold.
Foto: Courtesy Leo Asemota / EoTLA

Archive Ensemble

Leila Bencharnia, Omar Gabriel Delnevo, Chiara Figone, Gabriella Rebello Kolandra, Giordana Pieri, Vanessa Vieira

Auf der Grundlage antikolonialen und feministischen Denkens und Handelns entwickelt Archive Ensemble ein neues Konzept von Bibliotheken als sozialen Ausstellungen und Räumen für kollektive Interaktion. Die Haptic Library präsentiert Texte zum Fühlen, Berühren und Hören – eine Sammlung von Texturalitäten. Mit Lesungen, Textilien und Musik als multisensorischen Medien für die Archivierung und Verbreitung von Geschichten und Wissensbeständen geht die Haptic Library über das gedruckte Buch und den im Westen dominanten Sehsinn hinaus und bezieht den Tastsinn ein, um das Publikum mit verschiedensten Wissensformen aus einer Vielzahl von Materialitäten und Denkweisen vertraut zu machen – einschließlich Teppichen, Stoffen, Klängen und gedruckten Medien. Im Gegensatz zu der vom kongolesischen Philosophen Valentin-Yves Mudimbe beschriebenen „kolonialen Bibliothek", die durch den eurozentrischen Blick produziertes Wissen anhäuft, ermöglicht die Haptic Library verschiedene Perspektiven und Formen des Geschichtenerzählens über Regionen, Generationen und Epistemologien hinweg. Als Raum heißt die Haptic Library den individuellen Körper als Teil einer Zusammenkunft willkommen. Zu sehen sind verschiedene Texturalitäten, die zur Erforschung der ästhetischen und politischen Genealogien der Ausstellung *O Quilombismo* beitragen, wie zum Beispiel Publikationen von IPEAFRO, dem Institut für Forschung und afro-brasilianische Studien, das 1981 von Abdias Nascimento gegründet wurde, um die kommunitäre und affirmative Philosophie des Quilombismo zu praktizieren. —PG

Das Haus der Kulturen der Welt (HKW) dankt SAVVY. DOC für die Zusammenarbeit.

Werk in der Ausstellung:
Haptic Library (2023), soziale Ausstellung verschiedener Materialien, Lesungen, Textilien und Klang, variable Maße
Courtesy Archive Ensemble

Oscar Murillo

1986, La Paila, Kolumbien,
lebt an verschiedenen Orten

Oscar Murillo

Ohne Rücksicht auf semiotische Hierarchien nutzt der Maler Oscar Murillo eine ganze Bandbreite an Formaten (inklusive sozial engagierter und partizipatorischer Projekte), um Verbindungslinien zwischen verschiedenen Kontexten und Geschichten zu ziehen. Für die Ausstellung weitet Murillo die Praxis des quasi-automatischen Zeichnens, die er im Laufe der Jahre auf Langstreckenflügen entwickelt hat, auf Skulpturen aus. *Flight Drawings* ist eine Installation aus hängendem Ofen-Mais und steinartigen Brotlaiben, die in Murillos Werk häufiger anzutreffen sind, zumeist assoziiert mit harschen Lebensumständen. Von geometrischen Metallgerüsten in Bündeln zusammengehalten, treten sie in Verbindung mit Glas von der venezianischen Insel Murano – eine Bezugnahme auf die historische Kontrolle von Märkten und handwerklichen Fertigkeiten. Die Gebilde aus dichten und doch leicht wirkenden „Stein"-Formationen, die über den Köpfen des Publikums schweben – im Auditorium der ehemaligen Kongresshalle, die heute das HKW ist –, setzen bei symbolischen Konnotationen von Flucht an: Migration, Geopolitik, Grenzen und Identität. Damit weist die Installation auf die Überwachung des Raums hin, betont die Spannung zwischen Einhegung und Überschreitung, organischem und menschengemachtem Material. Seine Arbeit am HKW verankert Murillo in seinem eigenen familiären Hintergrund; im begleitenden Hörstück *My name is Belisario* erklingt in einer Vielzahl von Sprachen das Zeugnis seines Vaters, der nach einem Mordanschlag wegen seiner Gewerkschaftszugehörigkeit von La Paila nach London emigrierte. —A

In Auftrag gegeben vom Haus der Kulturen der Welt (HKW), produziert von Oscar Murillo und HKW, 2023

Industrial Park, Performance von Oscar Murillo am 9. Juli und am 17. September. *For the Souls of the Rotten Mighty: Mar, Rio y Cordillera*, Band-in-Residence-Projekt von Oscar Murillo vom 30. Juli bis 12. August. Weitere Informationen auf www.hkw.de

flight #67 (2018), Stift, Grafit, Kohle auf Japanpapier, 28,5 × 39,5 cm
Foto: Tony Prikryl

Werke in der Ausstellung:
Flight Drawings (2023), ortsspezifische Installation aus Mais, Zement, Kupferdraht, Stahl und Muranoglas;
My name is Belisario (2015), Klanginstallation in achtzehn Sprachen, achtzehn Tonaufnahmen, darunter Spanisch, Englisch, Igbo, Somali und Farsi, jeweils ca. 15 Minuten
Courtesy Oscar Murillo

Ibrahim Mahama

Olu Oguibe

1987, Tamale, Ghana,
lebt dort

Ibrahim Mahama

Seit einem Jahrzehnt gilt Ibrahim Mahamas Interesse Objekten, die im Verfall begriffen sind. Über deren Bearbeitung untersucht er Themen wie Migration, Globalisierung und Handel im Kontext der ghanaischen Geschichte. Die Materialien seiner großformatigen Installationen stammen aus dem Stadtraum, von Schrottplätzen oder aus verlassenen Gebäuden. Es kann sich um Holzstücke, Metallschrott, Jutesäcke oder historische Textilien handeln, in denen zum Schweigen gebrachte Stimmen durch die Erinnerung an ihre Geschichte neu zur Geltung kommen. Die in der Produktion der skulpturalen Wandteppiche *E PAIN ME* und *IN THE GARDEN* verwendeten Stichtechniken sind von traditionellen, in Westafrika weit verbreiteten Webpraktiken inspiriert. Mahamas Leinwände der Erinnerung setzen einen poetischen Prozess der Heilung in Gang und verschaffen dem heutigen Publikum Zugang zu dem in diesen Stoffen gespeicherten Wissen. Schrottplatzbesitzer*innen, die verrottende Dinge sammeln, Weber*innen, die der Künstler als Mitgestalter*innen einlädt – sie alle tragen zu Arbeiten bei, deren Essenz im gemeinschaftlichen Ansatz liegt. Mahama legt großen Wert auf die Weitergabe von Fertigkeiten und Erinnerungen im Rahmen des künstlerischen Schaffensprozesses. Er möchte Paradigmenwechsel bei Bildung und Wissenstransfer in Gang setzen und zugleich eine kollektive Neuschreibung von Geschichte evozieren. —MHP

In Auftrag gegeben vom Haus der Kulturen der Welt (HKW), produziert von Ibrahim Mahama, Red Clay Studio, Tamale, und HKW, 2023

E PAIN ME. Fotos: Ibrahim Mahama

Werke in der Ausstellung:
E PAIN ME (2023), Installation, historische handgewebte Stoffe, Kunstfaser, 20 × 30 m (Les Nana Benz Terrasse);
IN THE GARDEN (2023), Installation, historische handgewebte Stoffe, Kunstfaser, 19,6 × 4,5 × 19,1 × 9,1 m (Anna Seghers & Semra Ertan Gärten); Courtesy Apalazzo Gallery, White Cube Gallery und Red Clay Studio Tamale

Olu Oguibe

Für den Dichter und bildenden Künstler Olu Oguibe sind Wörter, ihre Bedeutung und ihre Funktion von besonderem Gewicht. Für die HKW-Terrasse hat er drei Fahnen entworfen, die vom nahegelegenen Regierungsviertel aus sofort ins Auge stechen. Mit den Farben Schwarz, Rot, Gold und Grün verweisen sie poetisch auf die panafrikanische Flagge, die Flaggen von First Nations sowie auf die bundesdeutsche Flagge. Marcus Garvey hat auf die symbolische Bedeutung von Farben hingewiesen: Schwarz steht für die Menschen, Grün für das Land, Rot für das Blut der Afrikaner*innen, das durch Versklavung und Kolonisierung vergossen wurde, und Gelb oder Gold für den gestohlenen Reichtum. Für Oguibe sind diese Farben nicht nur interessant, weil sie sich teilweise in der deutschen Fahne wiederfinden, sondern auch, weil auf Basis solcher Kombinationen informelle Bezeichnungen für (mögliche) Regierungsbildungen geprägt wurden: Ampel-Koalition, Jamaika-Koalition, Kenia-Koalition. Oguibes Fahnen sind mit den Buchstaben DDR bestickt, die hier für Dekarbonisieren, Dekolonisieren, Reparieren (Rückführen oder Rehabilitieren) stehen. Damit unterstreicht er die Notwendigkeit, den eigenen CO_2-Fußabdruck zu verkleinern, sich politisch, materiell und mental zu dekolonisieren und zurückzuführen, was von kolonisierten Gesellschaften geraubt wurde, zu reparieren, was zerstört wurde, und die Gesellschaften und Kulturen zu rehabilitieren, deren Rechte massiv beschnitten wurden. —BN

In Auftrag gegeben vom Haus der Kulturen der Welt (HKW), produziert von Olu Oguibe und HKW, 2023

Werk in der Ausstellung:
DDR: Decarbonize, Decolonize, Rehabilitate
(2023), Textilarbeit, drei Fahnen, je 4,5 × 7 m
Courtesy Olu Oguibe

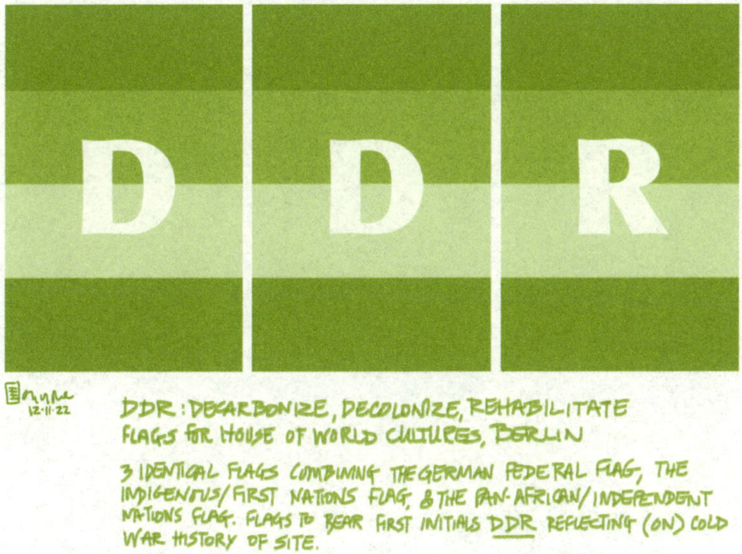

Skizze für *Decarbonize, Decolonize, Rehabilitate*, 2022

Lili Elbe Garten

S. 248 Lisa Hilli
S. 250 Hajra Waheed

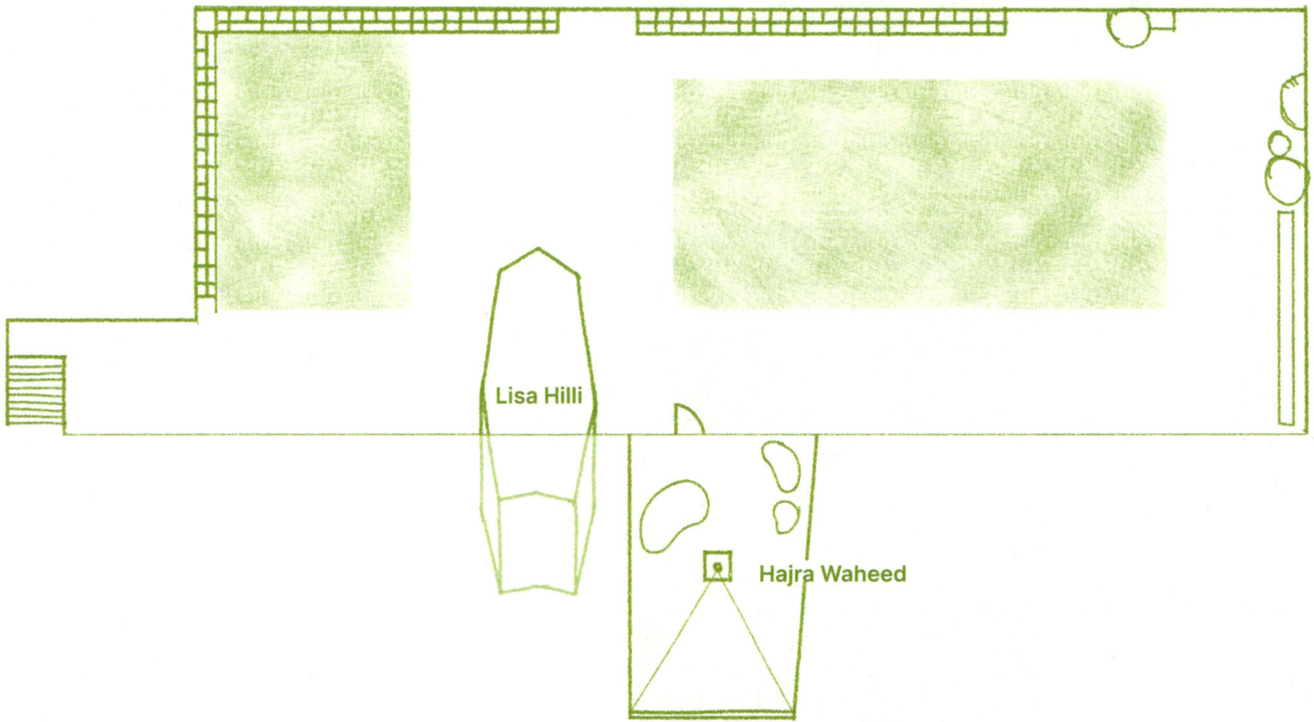
Lisa Hilli
Hajra Waheed

Hajra Waheed

Lisa Hilli

1979, Rabaul, Papua-Neuguinea,
lebt in Narrm [Melbourne], Australien

Lisa Hilli

Die multidisziplinäre Künstlerin, Pädagogin und Forscherin Lisa Hilli beleuchtet in ihren Arbeiten die (Un-)Sichtbarkeit Schwarzer und melanesischer Frauen, die sie mit großer historischer Sensibilität in verschiedenen Sprachen, mit verschiedenen Mitteln und Formaten wie Fotografie, Video, Textilien und Installationen untersucht. Ihre Geschichte, die sich auch aus der eigenen Erfahrung als Tolai/Gunantuna-Frau speist, ist untrennbar mit dem Wirken und den Kämpfen von Frauen aus Papua-Neuguinea verwoben. *Keep Your Bush Knife Sharp #BrukimBus*, eine Serie von bearbeiteten Archivmaterialien, umfasst u. a. Plakate, die die Energie und Vitalität des Widerstands von Frauen in Papua-Neuguinea in den 1960er und 70er Jahren zeigen, einer Zeit des radikalen Aktivismus und politischer Unruhe in den pazifischen Inselstaaten und weltweit, Zu nennen sind hier unter anderem die Bewegungen Kafaina und Nilai Ra Varden. Als Teil von Hillis laufender Forschung werden die Poster in gedruckter Form und in den sozialen Medien veröffentlicht und damit auch Teil der zirkulierenden Dynamik des ozeanischen Wissens. Diese Bilder werden zu einer visuellen Erzählung, in deren Mittelpunkt die *meri blaus* (Frauenbluse) steht, ein Kleid, das in Papua-Neuguinea unter dem Einfluss der Missionare entstand und noch heute im Alltag getragen wird. Die Herstellung von *meri blaus* ist für Frauen in ganz Melanesien nach wie vor eine nützliche Fertigkeit und eine Einkommensquelle. Textilien stellen hier eine unvermutete, aber zentrale Form des Wissens dar. —AOW

In Auftrag gegeben vom Haus der Kulturen der Welt (HKW), produziert von Lisa Hilli und HKW, 2023

Werk in der Ausstellung:
Keep Your Bush Knife Sharp #BrukimBus (2023), Serie von bearbeiteten Fotografien, Drucke, variable Maße. Courtesy Lisa Hilli

Digitale Collagen-Skizze für *Keep Your Bush Knife Sharp #BrukimBus*

1980, lebt in Montreal, Kanada

Hajra Waheed

Dieser poetische Kurzfilm setzt mit einem richtungsweisenden Statement der Künstlerin ein: „Die Spirale ist viel mehr als nur eine Form." Spiralen zählen zu den am weitesten verbreiteten Formen in der Natur – universal und allgegenwärtig, zentrifugal oder zentripetal, Symbol von Wachstum und Verfall. Die Arbeit gewährt einen Einblick in das Bewusstsein des Selbst und dessen Erweiterung nach außen – ein Sprungbrett für die Reflexion über individuelle Erschütterungen und kollektive menschliche Erfahrungen. Der Film baut auf Hajra Waheeds bisheriger Praxis der Kartierung von Mustern kolonialer und staatlicher Gewalt auf. Er ist eine Meditation über den Wandel und erinnert uns daran, wie wichtig es ist, den Blick über den eigenen Tellerrand hinaus zu richten, insbesondere in Bezug auf den sozialen Wandel. —CS

Werk in der Ausstellung:
The Spiral (2019),
Videoinstallation, 7' 10"
Courtesy Hajra Waheed

Installationsansicht, *The Power Plant*, Toronto, 2019
Foto: Toni Hafkenscheid

Acts of Opening Again:

Eine Choreografie der Konvivialität

Nous nous connaissons en
foule, dans l'inconnu qui
ne terrifie pas. Nous crions
le cri de poésie. Nos barques
sont ouvertes, pour tous
nous les naviguons.

—Édouard Glissant,
Poétique de la Relation

Vom 2. bis 4. Juni 2023 – und damit passend zum Beginn des neuen Jahres im Yoruba-Kalender – feiert das Haus der Kulturen der Welt (HKW) seine Wiedereröffnung mit einer Reihe von Konzerten, Lectures, Performances, Prozessionen, Lesungen und Ritualen sowie die Eröffnung der Ausstellung *O Quilombismo: Von Widerstand und Beharren. Von Flucht als Angriff. Von alternativen demokratisch-egalitären politischen Philosophien.*

1957 als Kongresshalle eingeweiht, 1989 ins Haus der Kulturen der Welt umgewandelt: Ausgehend von der Geschichte der Institution rücken wir Kulturen des „Kongregierens" – etymologisch betrachtet Kulturen des Zusammenkommens, des gemeinsamen Spazierengehens – in den Vordergrund: Praktiken, die Gemeinschaftlichkeit, Gastfreundschaft und die Werte der Pluralität mit sich bringen.

Acts of Opening Again versteht sich als Vielzahl von Angeboten und Reflexionen zur Frage, was aufzugeben und was aufrechtzuerhalten ist, damit wir gemeinsam in *la casa grande* – dem großen Haus, diesem Planeten – wachsen können. Es ist ein Willkommensgruß an die Träger*innen und Vermittler*innen kulturellen und gemeinschaftlichen Wissens und ein Aufschließen der Türen, um gemeinsam einzutreten. Ein Ort, um zu lachen, zu tanzen, zu flirten, zu essen, sich aufzuregen oder traurig zu sein – ein Ort, um sich zu bewegen und bewegt zu werden. Ein Ort für die Verletzlichkeit und die Kraft unserer Präsenz. Ein Haus, um gemeinsam Hoffnung zu schöpfen und Respekt füreinander zu kultivieren.

Eine Aktivierung der Archive unserer Körper und die zentrale Rolle des Körperlichen als Ort des Diskurses und der sozialen Transformation – mit diesen performativen Praktiken schafft das HKW Räume für den Ausdruck und die Begegnung einer Vielzahl von Körpern. Sie können uns in Gespräche verwickeln und reaktivieren Emotionen der Vergangenheit, um so die Bedingungen der Gegenwart besser ausdrücken zu können und eine heilsame Zukunft zu suchen.

In dem Wissen, dass der Körper der primäre Ort der Souveränität ist, lädt das HKW an seinem Eröffnungswochenende alle ein, visuelle, akustische, sensorische und choreografierte Erzählungen des Zusammenseins zu erleben und sich von der Philosophie und Praxis der vielstimmigen Performativität des Quilombismo inspirieren zu lassen.

Marie Helene Pereira
und Carlos Maria Romero aka Atabey

Öffnungszeiten der Ausstellung:
Fr., 2. Juni 17:00–23:00
Sa., 3. & So., 4. Juni, 12:00–23:00

Kinderbetreuung (gratis)
Fr., 2. Juni von 17:00–20:00
Sa., 3. & So., 4. Juni, 12:00–20:00

Anmeldung unter education@hkw.de
mit Angabe der Anzahl und des
Alters der Kinder

Programm

Während der Eröffnung

RELEASE: a living ritual for letting go (2023)
vanessa german

Partizipative Performance / Partitur, *cards of release* erhältlich am Counter, Sylvia Wynter Foyer

Nehmen Sie sich eine Karte und folgen Sie der Einladung von vanessa german zu einem selbstbestimmten Spaziergang über das Gelände rund ums HKW.

> „Mit jedem Schritt, Atemzug, Augenaufschlag und Herzschlag auf diesem Land [...] befreien wir die Geschichten, die gefangen gehalten wurden, verschüttet waren, zum Schweigen gebracht oder anders ihrer Stimme beraubt wurden [...] Diese Opfergabe bieten wir dar [...] und schaffen einen freien Weg, um Freude zu finden an der Öffnung von Räumen [...] Mit Leichtigkeit und Anmut werden wir selbst zu einer Opfergabe."

Auf einer kleinen, aber umso aussagekräftigeren Karte spendet vanessa german dem Publikum eine Sprache, um gemeinsam energetische Blockaden, Stimmen, Schmerzen oder Lieder aus dem HKW und seinem gewachsenen Umfeld in die Freiheit zu entlassen. Diese *cards of release* sind aus Papier gefertigt, das mit Blumensamen angereichert ist. Die Befreiung selbst lebt nicht nur in jedem Einzelnen, sondern wird auch der Erde gespendet, wo die Samen das „Freigegebene" in neue Blüten verwandeln.

In Auftrag gegeben vom Haus der Kulturen der Welt (HKW), produziert von vanessa german und HKW, 2023

Zu vanessa germans partizipativem Spaziergang *Hand in Hand: a love poem for togetherness*, siehe S. 263

Fr., 2. Juni 17:00–20:00, Sa., 3. & So., 4. Juni, 12:00–20:00

El Medán (seit 2012)
Bernardo Oyarzún

Partizipative Performance und Installation

Der „Medán" ist ein uraltes Fest der Mapuche-Community, das noch heute auf der südchilenischen Insel Chiloé gefeiert wird. In Notsituationen oder wenn ein neues Heim gegründet werden soll, ruft dieses Fest die Gemeinschaft dazu auf, sich am (Wieder-)Aufbau zu beteiligen. *Medán* bedeutet auf Spanisch „sie geben mir" – die Menschen tragen mit Arbeitskraft, Nutztieren, Saatgut oder Haushaltsgegenständen zur Wohnlichkeit eines Hauses bei, im Gegenzug schaffen die Gastgeber*innen einen konvivialen Rahmen. Für die Wiedereröffnung des HKW schlägt der Künstler Bernardo Oyarzún ein künstlerisches *medán* vor, das die Menschen in Berlin dazu einlädt, sich an der Gestaltwerdung des HKW zu beteiligen. Er bittet die Gäste, sich an dieser performativen Installation mit kreativen Gesten in Form von Freundschaftszeichen, Gedichten, Liedern, künstlerischen Geschenken oder anderen symbolischen Gaben zu beteiligen.

Den vollständigen Aufruf finden Sie auf www.hkw.de.

Kilombo: Piwuchen, Skulptur von Bernardo Oyarzùn, siehe S. 104

Freitag, 2. Juni

16:00
Willkommen, vor dem Haus der Kulturen der Welt
mit **Prof. Dr. Bonaventure Soh Bejeng Ndikung**

16:30
Invoking Papa Legba (2023)
Houngan Jean-Daniel Lafontant mit **Claude Saturne**

Zeremonielle Eröffnung

Das Festival zur Wiedereröffnung des HKW beginnt mit der Anrufung von Papa Legba, dem Türöffner, Wächter der Kreuzwege und Vermittler zwischen irdischen Welten und einer spirituellen Dimension. Geleitet wird sie vom *Sèvitè Houngan* [Vodou-Priester] Jean-Daniel Lafontant, Mitbegründer und Hüter des heiligen Tempels Na-Ri-VéH 777 in Port-au-Prince und des Temple des 7 Vierges in Mariani, Haiti. Seit mehr als zwei Jahrzehnten produziert er eine Vielzahl von Dokumentarfilmen, Kunstausstellungen, Artikeln, Konferenzen, Projekten und Veranstaltungen über haitianische Kunst und Kultur und bemüht sich um ein Verständnis des Vodou in all seinen Dimensionen. Vodou ist eine Weltanschauung, die verschiedene afrikanische Traditionen vereint, darunte die westafrikanische Vodun-Religion, die noch heute von den Nachfahren der Dahomean, Kongo und Yoruba praktiziert wird. Die Kultur, die Traditionen und die spirituellen Praktiken der indigenen Taíno, die in ihrem Gebiet versklavt wurden, sind ebenfalls ein wesentlicher Bestandteil des Vodou. Später, im kolonialen Saint-Domingue, wie Haiti damals hieß, übernahmen die Vodouvi sogar Elemente aus dem Christentum und anderen kolonialen Institutionen. Bis heute stehen einige katholische Symbole stellvertretend für die *Lwa*- oder Vodou-Geister der Vorfahren. Vodou ist eine Philosophie, Wissenschaft und Medizin sowie ein heilendes, religiöses und rechtlich-politisches System, das starke spirituelle Überzeugungen umfasst, die in der Natur und der Welt der Vorfahren verwurzelt sind.

In Auftrag gegeben vom Haus der Kulturen der Welt (HKW), produziert von Houngan Jean-Daniel Lafontant, Claude Saturne und HKW, 2023

When We Gather (2022)
María Magdalena Campos-Pons, Baba Murah & Ensemble, Forum Brasil und **Ilê Obá Sileké, Candomblé House in Berlin,** und **Rasiel Almanza Cairo**

Performance

In der Tradition von Erneuerungsritualen beschwört *When We Gather* Wesen und Wissen der Ahnen, um den Räumen des HKW Fürsorge und Lebensenergie zu spenden. Die kubanische Künstlerin María Magdalena Campos-Pons stellt die Frage, was aufgegeben werden muss, um den Raum für eine Kultur zu schaffen, die in Frieden, Hoffnung und Zusammengehörigkeit wurzelt. Gemeinsam mit Baba Murah, Vertreter*innen des örtlichen Candomblé-Hauses, des afro-brasilianischen Kulturforums, und Rasiel Almanza Cairo, einem kubanischen Santería-Priester und Bata-Trommler, ruft sie in einer von Gesängen und anderen Anrufungen begleiteten Prozession Orishas (göttliche Naturkräfte der Yoruba) und andere gute Energien herbei. —A

Prayer Flags, Installation von María Magdalena Campos-Pons, siehe S. 38

18:00
Eröffnungsreden
(auf Deutsch und Englisch mit Simultanübersetzung)

Claudia Roth, MdB, Staatsministerin für Kultur und Medien
Prof. Dr. Bonaventure Soh Bejeng Ndikung, Intendant und Chefkurator, HKW
Victoria Tauli-Corpuz, Gründerin und Direktorin der Tebtebba Foundation (Internationales Zentrum indigener Bevölkerungsgruppen für Politikforschung und Bildung), 2014–2020 UN-Sonderberichterstatterin für die Rechte indigener Völker

19:00
NOT waiting... (2023)
nora chipaumire und **Germaine Acogny**

Performance

Was als Residenz in Dakar 2022 begann, kommt als eigens beauftragte Performance nach Berlin. Die Choreografinnen nora chipaumire und Germaine Acogny bringen einen Akt der Verweigerung, des generationenübergreifenden Gesprächs, der Übermittlung, Schwesternschaft und Solidarität auf die Bühne – ein politisches Statement und eine Geste, die von den Qualitäten der zeitgenössischen Praktiken in Senegal und Simbabwe zeugen. chipaumire und Acogny lassen sich inspirieren von der Geschichte der Lébou-Gemeinschaft und der zentralen Rolle, die Frauen in der traditionellen Ndeup-Heilungszeremonie einnehmen. Begleitet und angeleitet werden sie von einem Klangensemble, in dem fünf Frauen aus Toubab Dialaw, einem Fischerdorf an der Küste Senegals, gemeinsam spielen, und die Gesänge in Erinnerung rufen, über die sie mit den Wassergeistern in Verbindung treten, die der Gemeinschaft heilenden Beistand leisten. —MHP

In Auftrag gegeben vom Haus der Kulturen der Welt (HKW), produziert von nora chipaumire, RAW Material Company und HKW, mit Unterstützung von African Makers und Martine de Limburg, 2023

19:30
Dine on a Mat – Der Geschmack der Fulani-Küche
Chef Fatmata Binta

Fatmata Binta beschreibt sich als nomadische Köchin – geboren und aufgewachsen in Freetown, Sierra Leone, in einer Familie mit guineischen Wurzeln. Binta erkundete die Küche der Fula, einer der größten nomadischen Gesellschaften auf dem afrikanischen Kontinent. Mit *Dine on a Mat* lädt sie zu einer Mahlzeit ein, in der sie ihre kulinarischen Kreationen mit Getreide, Gewürzen und Zutaten aus Westafrika serviert, unterlegt mit Erzählungen zu Geschichte und Kultur der Fula. Ihre Leidenschaft fürs Kochen entwickelte Binta schon als Kind, als sie in Zeiten der Lebensmittelknappheit die Solidaritätsstrukturen in ihrer Gemeinschaft beobachtete. Dass sich die Menschen freuten, zum Essen zusammenzukommen, inspirierte Binta, sich neue Gerichte aus lokalen Zutaten wie Foniohirse auszudenken, die heute einen wesentlichen Platz in ihrer Küche einnehmen. Auf der Grundlage ihrer Erfahrung und Ressourcen konnte sie einen Blick in die Zukunft richten und die Stiftung Empowering Fulani Women gründen. —MHP

Begrenzte Teilnehmer*innenzahl, Tickets erhältlich unter www.hkw.de

20:30
Awilo Longomba

Konzert

Den Auftakt der musikalischen Reise zur Wiedereröffnungsfeier des HKW bildet kongolesische Rumba, deren Wurzeln mit west- und zentralafrikanischen Klangwelten verschlungen sind, die aber auch Verbindungen zum Son Cubano und Jazz aufweist. Dieser Stil, der von vielen Bands in der Demokratischen Republik Kongo gespielt wird, ist wegweisend für die weltweite Musikgeschichte. Er verkörpert panafrikanische Werte und bildet einen wesentlichen Beitrag zum kulturellen Vermächtnis Afrikas und wurde deshalb als Immaterielles Weltkulturerbe anerkannt. Der kongolesischen Rumba entspringt auch der Soukous, eine energetischere, schnellere und extrem tanzbare Musikrichtung, in die Elemente aus Rock, Gospel und Soul einfließen. Der legendäre Musiker Awilo Longomba und seine Band spielen am HKW die spezielle Variante des Techno-Soukous. —EM

22:00
SNO

DJ Set

Selina Nongaliphe Oliphant alias DJ SNO wuchs im Township Bophelong in Vaal, Südafrika, auf und lebt in Manchester. Ihr Set ist ein intimes Klangbild der Musik des afrikanischen Kontinents – freudig, eklektisch und einzigartig.

00:00
Edna Martinez

DJ Set

Edna Martinez' Sets erzählen von der musikalischen Reise zwischen Afrika, der Karibik und der Levante, insbesondere von den Klängen der *cultura picotera* aus der kolumbianischen Karibik, wo sie aufgewachsen ist.

Samstag, 3. Juni

12:00
Artistic Practices in Conversation:
A Curatorial Walk Through the Exhibition
Cosmin Costinaş, Paz Guevara, Marie Helene Pereira, Carlos Maria Romero aka Atabey, Prof. Dr. Bonaventure Soh Bejeng Ndikung und anwesende **Künstler*innen**

Austellungsrundgang (auf Englisch)

13:00–15:00 & 18:00–20:00
Hand in Hand: a love poem for togetherness (2023)
vanessa german

Partizipativer Spaziergang,
jeweils 1–5 Teilnehmer*innen, 11'
Anmeldung am Counter im Sylvia Wynter Foyer

Vom Gedanken an einen Ort des Ankommens inspiriert, bietet vanessa german allen, die sich darauf einlassen wollen, einen geführten Spaziergang an. Geleitet von der kreativen Macht der Intuition führt er durch die Umgebung und ins HKW, das als ein Ort des gemeinsamen Träumens und Gestaltens vorgestellt wird. Das Angebot ermöglicht eine ganz einfache, aber intime Verbindung: Nehmen wir uns an die Hand und schauen, was passiert. Sind wir am Ende des Spaziergangs noch dieselben wie zu seinem Beginn? Wie hat uns die gemeinsame Zeit und Nähe geprägt? Wie überträgt sich die Zärtlichkeit und innige Vertrautheit der Geste auf unser Verhältnis zur Umgebung, durch die wir schreiten? Wie könnten wir uns hier zuhause fühlen? Auf dieser kurzen Reise ergibt sich vielleicht die Gelegenheit – auf welche Art auch immer –, gemeinsam kreativ zu sein oder in einen Dialog mit der Umgebung zu treten. —A

In Auftrag gegeben vom Haus der Kulturen der Welt (HKW), produziert von vanessa german und HKW, 2023

Zu vanessa germans partizipativer Performance / Partitur *RELEASE: a living ritual for letting go*, siehe S. 257

13:00
Subversive Bodies in Conversation:
Bodies as Joyfields, Bodies as Battlefields
O'Neil Lawrence, Bruno Zhu und **Grada Kilomba**

Gespräch (auf Englisch)

Ausgehend von ihrer Praxis und Forschung sowie ihrem persönlichen Hintergrund sprechen die Teilnehmer*innen über Körper, die sich einer Repräsentation und Instrumentalisierung als Metapher widersetzen, um Wunden zu heilen, die aus der Geschichte, aus Missbrauchsmustern und fehlender Sichtbarkeit erwachsen sind. O'Neil Lawrence, Künstler, Autor und Chefkurator der National Gallery of Jamaica, stellt seine Forschungsarbeit zu Genealogien der Darstellung Schwarzer maskulinisierter queerer Körper vor, Bruno Zhu (siehe S. 136) steuert Perspektiven aus seiner künstlerischen Arbeit bei, die sich mit Queerness, Rassismus, Migration und den multiplen Hautschichten befasst, wie man sie sich im täglichen Leben anlegen muss; Grada Kilomba (siehe S. 118) spricht als Künstlerin und Kuratorin, die ihre Praxis auf ihre Erfahrung als Schwarze Frau aus der afrikanischen Diaspora gründet und immer wieder die systematische Unterdrückung seitens kolonialer und neokolonialer Interessen infrage stellt.

14:00
Restitution in Conversation: Feminist Perspectives on Restitution Beyond Ownership
Tuli Mekondjo, Hermosa Intervención und **Lisa Hilli**

Gespräch (auf Englisch)

Tuli Mekondjo, Hermosa Intervención und Lisa Hilli eröffnen feministische Perspektiven auf Restitutionspraktiken jenseits des restriktiven Rahmens institutionalisierten Eigentums und des westlichen Archivierungswahns. Sie legen den Schwerpunkt auf Fragen von Verlust und Restaurierung, von Erinnerung und Wiedererschaffung, von Verkörperung und Sozialisierung. Tuli Mekondjo (siehe S. 86), die mit und gegen koloniale Archive arbeitet, stellt ihren künstlerischen Ansatz und ihr Engagement für Fruchtbarkeitspuppen vor, deren Herstellung bis zur deutschen Kolonialisierung in Namibia eine gängige und gemeinschaftliche Praxis war. Das afro-uruguayische Frauenkollektiv Hermosa Intervención (siehe S. 134) diskutiert über die rassistischen Nar-rative in ihrem Umfeld und die Notwendigkeit, afro-lateinamerikanische Erfahrungen zu rekonstruieren und zu präsentieren, um ein Zeichen gegen neokoloniale Hegemonie zu setzen. Lisa Hilli (siehe S. 248) befasst sich mit der Geschichte des Widerstands frauengeführter Bewegungen in Melanesien, in denen sie Vorläuferinnen heutiger Kämpfe sieht, gerade was die (Un-)Sichtbarkeit Schwarzer und melanesischer Frauen betrifft.

15:00
The Dawn Incantations III (2023)
Tanka Fonta mit **Eden Meier** und **Saliou Cissokho**

Sound Performance

In der zentralen Rotunde des HKW hat Tanka Fonta eine kreisförmige Partitur geschaffen, eine Bild-Ton-Komposition aus neun thematischen Bewegungen, orchestriert als visuelle, klangliche und poetische Impressionen. Zum Leben erweckt werden diese Partituren durch das Kora-Spiel von Saliou Cissokho und den Tanz von Eden Meier. Im Wissen, dass die Assoziationen von Musik und Farbe durch Emotionen vermittelt werden, lädt Fonta das Publikum zu einer meditativen Reise ein, die durch den Klang der Kora-Saiten und die in die visuelle Partitur eingebettete Bewegung akzentuiert wird. —MHP

In Auftrag gegeben vom Haus der Kulturen der Welt (HKW), produziert von Tanka Fonta und HKW, 2023

The Cosmogenic Interconnectedness 'How Did We Talk Before The Roman Alphabet?' The Picto-Sonic Dialogues I, Wandmalerei von Tanka Fonta, siehe S. 56

15:00–17:00
Kinderdisko im **raumlaborberlin** Pavillon

16:00
Between Revolution and Repair: Rereading Walter Rodney's
How Europe Underdeveloped Africa
David Scott

Keynote Lecture (auf Englisch mit Simultanübersetzung)

Wie sollte man Walter Rodneys Text aus dem Jahr 1972 im Kontext politischer Forderungen nach einer Reflexion über die Jahrhunderte der Kolonialisierung heute lesen und diskutieren? Gibt es Fragen zu Geschichte und Politik, die neu formuliert werden müssen, um eine kritische Beziehung zu einem solchen Text herzustellen? Rodneys Buch entstand im Zusammenhang der sozialistischen Revolutionen in Afrika (und der Karibik). Doch in gewissem Sinne sind nicht nur die historischen, sondern auch die konzeptionellen Bedingungen dieses Projekts in sich zusammengebrochen. Die Revolution ist kein selbstverständliches Telos mehr, weder politisch noch organisatorisch. Können wir die in *How Europe Underdeveloped Africa* enthaltenen Ideen über sozialen Wandel neu durchdenken und in Bezug zu heutigen Konzepten einer radikalen Reparationspolitik setzen? —DS

David Scott ist Professor für Anthropologie an der Columbia University, New York, USA.

Save the Date:
Weitere Veranstaltungen
mit David Scott

Freitag, 9. Juni
18:00–22:00
The Sonic Vernacular: Blackness, Sound, and Fugitivity

Screenings, Performance Lecture mit **David Scott**

David Scott stellt jamaikanische Musik der 1960er und 70er Jahre von Ska bis Reggae vor und spricht über die Musik und ihren gesellschaftlichen Kontext. Zwei Filme zum Thema begleiten das Gespräch.

In Zusammenarbeit mit der RTG Minor Cosmopolitanisms, Universität Potsdam, wo David Scott im Sommer 2023 Mercator Fellow ist

Negus – Lee 'Scratch' Perry
Invernomuto, Italy 2013, 11', jamaikanisches Englisch

Verkörpert durch Lee „Scratch" Perry – Wegbereiter des Dub und Mitinitiator der Reggae-Kultur – erforscht der Film die Verschmelzung von Geschichte, Mythos und Magie anhand des ambivalenten und vielschichtigen Vermächtnisses von Äthiopiens letztem Kaiser, Haile Selassie I.

A David Scott Playlist
Performance Lecture (auf Englisch)

Der Kolonialismus – mit seinen weltweit unterschiedlichen Ausformungen von Gewalt – hat nicht nur Infrastrukturen, die Verteilung von Ressourcen und die Politik geprägt, sondern auch das akustische Feld, in dem Menschen sich bewegen. Im Zeitalter einer formalen Dekolonisierung waren Musiker*innen aus kolonisierten Räumen in erster Linie Aktivist*innen, die ihre Kunst dazu benutzten, ihren gesellschaftlichen Visionen Ausdruck zu verleihen. Ihre Musik war Teil des antikolonialen Kampfes und muss auch als solche verstanden werden. Auf einer Reise durch die Ska- und Reggae-Klangwelten der 1960er und 70er Jahre in Jamaika erkundet David Scott zusammen mit dem Publikum, wie diese Sounds die damaligen Befreiungsbewegungen geprägt und begleitet haben.

PICO: Un Parlante de África en América
Invernomuto, Jim Christopher Nedd, Italien/USA 2017, 60', Spanisch mit engl. UT

Der Dokumentarfilm erkundet den gewaltigen kulturellen Reichtum der Picós: auffällig bemalte Holzkonstruktionen, in denen die mächtigen Soundsysteme stecken, mit denen die Straßen, Bars und Restaurants der afro-kolumbianischen Städte Barranquilla und Cartagena beschallt werden.

Freitag, 7. Juli
16:00–20:00
on movement(s) and collective(s) —Black Radicals in/and Berlin

Keynote-Gespräch mit
David Scott (auf Englisch)

Radikale Bewegungen streben nach der transformativen Kraft der Solidarität inmitten aller Unterschiedlichkeit und geografischen Distanz, stimmen ihre kollektiven Aktionen aber gleichzeitig auf lokale Stärken, Bedürfnisse und Kämpfe ab.

David Scott diskutiert mit antirassistischen Gruppierungen in Berlin Triumphe und Herausforderungen radikaler Schwarzer Bewegungen an verschiedenen Orten: Wie können internationale Kämpfe an lokale Gegebenheiten anknüpfen und wie lassen sich theoretische Konzepte in die Praxis umsetzen?

Eine Kooperation von HKW, der RTG Minor Cosmopolitanisms an der Universität Potsdam und dem Amo Collective am Institut für Europäische Ethnologie, Humboldt-Universität zu Berlin

17:00
O Quilombismo Reader

Buchvorstellung (auf Englisch)

Vor dem Hintergrund des gleichnamigen Projekts befasst sich die Publikation mit den Gründungsfiguren des Quilombismo, erforscht seine konzeptionellen Formulierungen und verfolgt seine weltweite Resonanz in unterschiedlichen Praktiken. Beiträger*innen des Bandes stellen Inhalte und Perspektiven vor.

Weitere Informationen zur Publikation S. 278

18:00
Neptune Frost
Saul Williams und **Anisia Uzeyman,** 2021, Ruanda/US, 110', Kinyarwanda, Kirundi, Swahili, Französisch und Englisch mit engl. UT

Screening

In Burundi bildet eine Gruppe entkommener Coltan-Bergleute ein antikolonialistisches Hackerkollektiv. Ihr erklärtes Ziel: der Sturz des ausbeuterischen Regimes. Eine intersexuelle Ausreißerin und ein Bergarbeiter finden durch kosmische Kräfte zueinander – ein Kontakt, der eine Unterbrechung im mehr-als-menschlichen Kreislauf zur Folge hat. In lyrischen Hymnen und Liedern, die zwischen Kinyarwanda, Kirundi, Suaheli, Französisch und Englisch hin- und herwechseln, stellt der Film alles infrage: sexuelle und kulturelle Identität, westliche Hegemonie, Wirklichkeit, Vergangenheit und Gegenwart. *Neptune Frost* ist ein afrofuturistisches Meisterwerk, ein musikalisches Plädoyer für eine Zukunft, in der Technologie der politischen und sozialen Befreiung dient.

20:30
Oumou Sangaré

Konzert

Mit dem malischen Star Oumou Sangaré rückt die westafrikanische Musik in den Mittelpunkt. Sie ist ein Kaleidoskop aus zahlreichen Genres, die Perkussion, Polyrhythmen, traditionelle Instrumente und moderne Klänge einsetzen. In Form von Boogie, Makossa, Funk, Samba, Zouk und anderen Musikstilen hat sie in den unterschiedlichsten Teilen Nord- und Südamerikas reichen Widerhall gefunden. Sangarés Album Moussolou verkaufte sich allein in der ersten Auflage von 1991 mehr als 250.000 Mal, einige ihrer Songs haben sich weit über den afrikanischen Kontinent hinaus als wahre Hymnen etabliert. Die Sängerin, die mit internationalen Popstars wie Beyoncé und Aya Nakamura zusammengearbeitet hat, präsentiert eine einzigartige Show, die die Wassoulou-Tradition mit moderner Instrumentierung aus einer feministischen und sozial engagierten Perspektive verbindet. —EM

22:00
Katerinha & Njeri

DJ Set

Das in Berlin ansässige DJ-Duo – die mazedonische Musikerin und Produzentin Katerinha und der kenianische Newcomer Njeri – präsentiert ein gefühlvolles Crossover aus RnB, Jazz, Afro-House, Garage, Breaks und eklektischen Club-Sounds.

00:00
MSJY

DJ Set

MSJY, Produzentin und DJ mit verschiedenen kulturellen Einflüssen, scheut sich nicht, Normen provokativ aufzubrechen und Narrative zu verschieben: In ihren Sets erkundet sie irisierende Klanglandschaften, die sich in Bass und Breaks verlieren und dabei einen Hauch von Trip-Hop und IDM mit sich bringen.

Sonntag, 4. Juni

12:00
Muralism in Conversation: A Walk Through the Murals
Tanka Fonta, Nontsikelelo Mutiti, Alberto Pitta, Paz Guevara und **Cosmin Costinaş**

Ausstellungsrundgang (auf Englisch)

In Begleitung der Kurator*innen Cosmin Costinaş und Paz Guevera laden die Künstler*innen Tanka Fonta, Nontsikelelo Mutiti und Alberto Pitta zu einem Rundgang durch die Ausstellung ein. Im Mittelpunkt steht die soziale Dimension von Wand- und Bodenbildern, stehen die Geschichte, die sie erzählen, und ihre multisensorische Resonanz. Tanka Fonta (siehe S. 56) lädt das Publikum ein, seine Arbeit als „künstlerische audio-visuelle Erzählung" in sich aufzunehmen und sich von den nicht-westlichen philosophischen Erkenntnissen inspirieren zu lassen, die ein solches Narrativ bietet. Nontsikelelo Mutiti (siehe S. 76) interveniert im Raum, indem sie Abbildungen von Flechttechniken auf den Wegen durchs HKW verteilt. So erweckt sie deren emanzipatorische Geometrien zu neuem Leben und lädt die Besucher*innen ein, kollektive Geschichten der Befreiung zu entschlüsseln, während sie sich darüber hinwegbewegen. Von seinem Siebdruckstudio in Salvador de Bahia aus hat Alberto Pitta (siehe S. 44) die Fassade des HKW mit einem zweiteiligen Wandbild umgestaltet, das die Yoruba-Gottheit Ogum und die Gemeinschaftsbauten der zeitgenössischen *quilombos* zeigt. Der Künstler erläutert die Geschichten, die diese Bilder erzählen, um die spirituellen, politischen und visuellen Dimensionen seiner Arbeit zu beleuchten.

13:30
Quilombo Continuum
Juliana M. Streva, Brasilien/Deutschland, 2023, 23', Brasilianisches Portugiesisch mit engl. UT (Europapremiere)

Screening und Gespräch mit **Juliana M. Streva, Zica Pires** und **Carol Barreto** (auf Englisch)

Der experimentelle Dokumentarfilm entlarvt die gängigen brasilianischen Mythen von sozialem Zusammenhalt und *democracia racial*. Archivmaterial, Statements der Black Radical Tradition, gesprochen von Beatriz Nascimento, Lélia Gonzalez und Abdias Nascimento, Aussagen von zeitgenössischen Aktivist*innen und Politiker*innen wie Erica Malunguinho, Debora Dias, Julio Cesar: Mit einer Vielzahl an Stimmen, Handlungsansätzen und Erinnerungen bietet der Film einen Parcours durch die Geschichte der *quilombos* und ihrer Reaktivierung in der Gegenwart – eine Einladung, die Praxis des *quilombo* einer näheren Betrachtung zu unterziehen.

Im Anschluss an die Vorführung spricht die Regisseurin mit Zica Pires (siehe S. 192) und Carol Barreto (siehe S. 214), moderiert von Paz Guevara und Carlos Maria Romero aka Atabey. Im Wissen um die *quilombos*, deren Geschichte und Bedeutung, kommentieren die Teilnehmer*innen den Film aus Sicht aktueller Kämpfe um die Rechte afro-brasilianischer Menschen und die Stärkung einer Kultur auf Augenhöhe. —CS

15:00
Alejandra Saavedra Hernández
Ausstellungsrundgang (auf Deutsch)

15:00
Bread Scores (2022)
Masimba Hwati and friends **Laura Anh Thu Dang, Luka Mukhavele, Lefteris Krysalis**

Performance

Der simbabwische Künstler Masimba Hwati lädt zu einer Zeremonie des Brotbrechens ein, die an die Geschichte der Chimurenga (des revolutionären Aufstands) und der Shona- und Ndebele-Rebellionen im ehemaligen Rhodesien, dem heutigen Simbabwe, erinnert. *Bread Scores* ist eine performative Kreation, inspiriert von einer speziellen Sorte Brot, das politischen Häftlingen ins Gefängnis gebracht wurde. Befreundete Aktivist*innen, Verwandte und Angehörige schmuggelten darin Zeitungsausschnitte, Informationen über den Verlauf des Aufstands, Worte der Solidarität und Liebesbriefe, um die Einsamkeit der Gefangenen zu lindern. Hwati versteckt musikalische Partituren, die von traditionellen Chimurenga-Widerstandsgesängen inspiriert sind, in Brotlaiben und fordert die Musiker*innen auf, diese klanglich zu interpretieren. —MHP

Die Performance wird live übertragen auf Cashmere Radio, Radio Submarine und bauhaus.fm.

Dzikamunhenga 3 und *Dzikamunhenga 4,* Skulpturen von Masimba Hwati, siehe S. 116

16:00
Archiving Marginalized Knowledge: Intersectional Black European Studies
Fatima El-Tayeb

Keynote (auf Englisch mit Simultanübersetzung)

Fatima El-Tayeb ist Professorin für Ethnicity, Race and Migration and Women's, Gender and Sexuality Studies an der Yale University. Sie ist Autorin von drei Büchern und zahlreichen Artikeln über die Wechselwirkungen von *race,* Gender, Sexualität, Religion und Nation. In ihren aktuellen Forschungsprojekten untersucht sie die Überschneidungen im Erbe von Kolonialismus, Faschismus und Sozialismus in Europa und das Potenzial von (queeren) People of Color-Allianzen bei der Entkolonialisierung des Kontinents.
El-Tayeb skizziert die grundlegenden Kritikpunkte, wie sie die intersektionalen Black European Studies formulieren, eine Disziplin, die im Mittelpunkt der Debatte um Dekolonialisierung steht. Den Ausgangspunkt bildet *Der Black Atlantic* – ein Projekt, das 2004 am HKW stattfand –, um die Beziehung der Critical Race Studies zum deutschen Kontext in den Blick zu nehmen. Black Europeans – ein Widerspruch in sich? Unter diesem Fokus spricht El-Tayeb über epistemische Ausrichtungen, Objektivität und die Notwendigkeit, marginalisiertes Wissen zu archivieren.

16:00–18:00
Kinderdisko im **raumlaborberlin** Pavillon

17:00
The Butterfly Effect
Simon Njami

Keynote (auf Englisch mit Simultanübersetzung)

Simon Njami lebt als unabhängiger Kurator, Dozent, Kunstkritiker und Schriftsteller in Paris. Er war Mitgründer und Chefredakteur von Revue Noire, einem Magazin für afrikanische und nichtwestliche Gegenwartskunst, 2001–2007 künstlerischer Leiter der Bamako Encounters – African Biennale of Photography sowie 2016 und 2018 künstlerischer Leiter der Dak'Art Biennale. Zu seinen Buchpublikationen zählen Biografien von James Baldwin und Leopold Sédar Senghor sowie vier Romane.
Njamis Vortrag setzt mit John Foster Dulles ein, von 1953 bis 1959 US-Außenminister und Namensgeber der Straße, an der das Haus der Kulturen der Welt liegt, das 1957 als Kongresshalle errichtet wurde. Nächster Stopp ist 1989, Gründungsjahr der Institution HKW. Hier widmet er sich scheinbar nebensächlichen Phänomenen, die doch den Lauf der Weltgeschichte beeinflusst haben – der sogenannte Butterfly Effect. Mit Blick auf den Namenskern der Institution, „Kulturen der Welt" nimmt er Vorstellungen des Othering in den Blick, wie auch die Reaktionen der afrikanischen Welt und ihrer kulturellen Institutionen. Zum Abschluss des Vortrags beschäftigt Njami sich mit einschlägigen Theorien vom „Ende der Geschichte" und der aktuellen Debatte um die Rückgabe von Eigentum, das dem afrikanischen Kontinent in der Ära des Kolonialismus gestohlen wurde.

18:00
(H)-KWY ìmò (2023)
Leo Asemota

Live-Kunstwerk

(H)-KWY ìmò ist ein ortsspezifisches Live-Kunstwerk, das den Anstoß zur Installation *òótó* von Leo Asemota gibt. Von Norden, Osten, Süden und Westen kommend, steuern vier Figuren im HKW auf einen Treffpunkt zu, wo sie eine Reihe von Aktivitäten ausführen, darunter brasilianische Capoeira-Bewegungen und verschiedene andere Gesten. Die daraus resultierende Installation *òótó* ist täglich um 18 Uhr in ihrer Gesamtheit zu sehen. Sie wiederholt sich exakt zu der Zeit, zu der *(H)-KWY ìmò* ursprünglich präsentiert wurde, entwickelt die Grundidee aber beständig weiter. —LA

In Auftrag gegeben vom Haus der Kulturen der Welt (HKW), produziert von Leo Asemota und HKW, 2023

(H)-KWY òótó von Leo Asemota, siehe S. 228

19:00
Dine on a Mat – Der Geschmack der Fulani-Küche
Chef Fatmata Binta

Siehe Programm für Freitag 19:30

Begrenzte Teilnehmer*innenzahl, Tickets erhältlich unter www.hkw.de

20:30
Estrellas del Caribe

Konzert

Das Abschlusskonzert zeichnet die Kontinuitätslinien in die Karibik und die Amerikas nach, wo der Sound der *palenques* und *quilombos* vom Vermächtnis kongolesischer Musik, nigerianischem Highlife und einer Fülle weiterer Rhythmen Afrikas geprägt ist. Estrellas del Caribe aus San Basilio de Palenque, dem ersten freien Ort des amerikanischen Kontinents, spielen zum allerersten Mal in Berlin. Ihre Musik verbindet die mündliche Tradition der versklavten, nach Kolumbien verschleppten Menschen mit Beats, die zur Zeit der Gründung der Band in den 1970er Jahren durch Soundsysteme namens *Picós* enorme Popularität gewannen. —EM

Unterstützt von der Botschaft der Republik Kolumbien

22:00
mokeyanju

DJ Set

Jumoke Adeyanju alias mokeyanju, passionierte Tänzerin, Autorin und Vinyl-Sammlerin aus Nigeria, setzt auf Detroits Hip-Hop- und House-Musik-Erbe einerseits, Fuji, Highlife, Ndombolo und perkussive Musik andererseits. Und nicht zu vergessen ihr großes Interesse an ostafrikanischer und karibischer Kultur.

Programm zu *O Quilombismo*

Nach dem Wiedereröffnungsfestival findet das Projekt O *Quilombismo. Von Widerstand und Beharren. Von Flucht als Angriff. Von alternativen demokratisch-egalitären politischen Philosophien* seine Fortsetzung in zahlreichen Programmaktivitäten. Das Projekt nimmt den eigenen Anspruch ernst, dass von den quilombos und ähnlichen Orten viel zu lernen ist. So beharrt es darauf, dass Räume der Freiheit – und die Freiheit selbst – kontinuierlich gepflegt, neu geschaffen und konzipiert werden müssen. Die Ausstellung und die begleitenden Performances, Filmvorführungen, Konzerte, Storytelling-Begegnungen, Kochsessions, Vorträge sowie Forschungs- und Vermittlungsprogramme sind Praktiken, die das quilombistische Erbe der Solidarität und des Kampfes als lebendige Kultur weitertragen.

Detailliertes Programm auf www.hkw.de

Aus Liebe zur Freiheit?
Franklin be- und entgegnen

Installation, 2023–2027

Das 1957 als Geschenk der USA an Westberlin eröffnete Gebäude, in dem sich das HKW befindet, ist eine Architekturikone der westlichen Nachkriegsmoderne; als politisches Symbol hat sich seine Geschichte auf vielfältige Weise in die Mauern und Wände eingeschrieben.
Diese Ideologisierung zeigt sich in ihrer Architektur sowie – ganz konkret – in einer Wandinschrift im Sylvia Wynter Foyer, die von der „Liebe zur Freiheit" und den „Rechten der Völker" spricht, um zu versichern, „dass ein Philosoph, wohin immer er seinen Fuss auch setzen möge, sagen kann: ‚Dies ist mein Vaterland'". Im Kontext des US-Imperialismus – regelmäßig durch solche Ansprüche legitimiert – hatte Franklins unterschwellig formulierter Zugriffsanspruch auf die Geografien der Welt weitreichende Implikationen. Das HKW möchte die Begrenztheit von Franklins Zitat und die ihm inhärente gewaltvolle, imperiale Vision aufzeigen sowie die paradigmatischen Implikationen der beinahe beiläufigen Bezugnahme auf das koloniale Drehbuch im Namen universalistischer Werte infrage stellen. Acht bedeutende Persönlichkeiten aus diversen Disziplinen und Geografien haben mit eigenen Statements auf die Aussage Franklins reagiert, die in Form einer längerfristigen, von Studio Yukiko entworfenen Installation rund um das Franklin-Zitat im Foyer gezeigt werden.

Mit Beiträgen von Hinemoana Baker, Omri Boehm, Erna Brodber, Ken Bugul, Ntone Edjabe, Pumla Dineo Gqola, Saša Stanišić, Françoise Vergès

Shaped to the Measure of the People's Songs
Jährlich wechselnder Pavillon, 2023 entworfen von **raumlaborberlin**

Das HKW präsentiert eine neue Reihe mit jährlich wechselnden temporären Pavillons als künstlerische Interventionen im öffentlichen Raum. Mit dieser architektonischen und programmatischen Erweiterung des Hauses entsteht ein experimenteller Begegnungsraum an der Schnittstelle zwischen der historischen Kongresshalle, dem Biotop des Tiergartens und dem urbanen wie politischen Gewebe der Stadt. Die Krisen rund um Klima, Wohnraummangel und exkludierende städtische Infrastrukturen unterstreichen die Notwendigkeit, räumliche Fragen praktisch anzugehen, um eine Vision kollektiver Lebensweisen zu entwickeln. Als öffentlich zugänglicher, barrierearmer und offener Ort ermöglicht der Pavillon als künstlerische Intervention Dialog und Engagement außerhalb des eigentlichen HKW-Gebäudes und bietet Besucher*innen wie Spaziergänger*innen die Gelegenheit, sich rund um das Programmangebot und außerhalb davon ohne formellen Rahmen zu begegnen. Der Eröffnungspavillon wird von raumlaborberlin entworfen und gebaut. Er beruht auf Buckminster Fullers Dymaxion Map – einer erstmals 1943 entwickelten, experimentellen Bildprojektion: Eine Weltkarte wird auf eine Fläche projiziert, die aus vielen Einzelflächen eines Polyeders besteht; ihre Geografie wird in einer erweiterten und vernetzten Matrix aus dreieckigen Formen dargestellt. Diese visuelle Übung sperrt sich gegen eine Lesart des Planeten als Cluster getrennter, eigenständiger Einheiten und beharrt auf der Untrennbarkeit unserer globalen Geografien, die Kommunikation, Fürsorge und Problemlösungen durch planetare Zusammenarbeit erfordern.

Kulturelle Bildung

Das Programm zur Ausstellung *O Quilombismo* lädt die Öffentlichkeit zum Dialog ein. Angeboten werden barrierearme, inklusive Formate und Workshops für Familien sowie Gruppenführungen für verschiedene Altersgruppen. Weitere Termine und Details auf www.hkw.de

Jeden Samstag & Sonntag
Durch die Ausstellung mit …

Ausstellungsrundgänge

Ob Licht, Sound, Konzeption oder Presse: Unterschiedliche Akteur*innen aus dem HKW-Team teilen ihr Wissen und eröffnen neue Perspektiven auf die Ausstellung.

Mit Prof. Dr. Bonaventure Soh Bejeng Ndikung, Intendant und Chefkurator / Henriette Gallus, Stellvertretende Intendantin / Cosmin Costinaş, Felix Fuchs, Paz Guevara, Lisa Xenia Ness und Shohreh Shakoory (Ausstellungspraktiken) / Muhammad Ali Sözen (Ausstellungsbau) / Julia Büki, Marie Helene Pereira und Carlos Maria Romero aka Atabey (Performative Praktiken) / Emilienne Fernande Bodo und Lama El Khatib (Architektur- und Raumpraktiken) / Rosa Cordillera Castillo und Sara Morais dos Santos Bruss (Wissenschafts-, Digital- und Medienpraktiken) / Dzekashu MacViban und Alexandra Ortiz Wallner (Literatur- und Oralturpraktiken) / Eric Otieno Sumba, Fiona Shipwright und Jill Winder (Publikationspraktiken) / Çiğdem C. Kolain, Marine Lucina, Daniel Neugebauer und Eva Stein (Kulturelle Bildung) / Jan Trautmann (Kommunikation) u. v. a.

Jeden Montag, 15:00–18:00
Quilombismo-Dialoge

Welche Rolle spielt die Architektur einer Ausstellung? Ist es wichtig, woher ein Ausstellungsstück kommt? Was sagt das Entstehungsjahr über eine künstlerische Arbeit aus?

Jeden Montag und abwechselnd in den Sprachen Englisch, Deutsch, Türkisch, Spanisch, Arabisch und Farsi bieten die Quilombismo-Dialoge den Ausstellungsbesucher*innen die Möglichkeit zum Austausch mit Vermittler*innen des HKW. Ausgehend von den Interessen, offenen Fragen und von dem unterschiedlichen Wissen der Besucher*innen werden die Themen und Erzählungen der Ausstellung im gemeinsamen Gespräch befragt und vertieft.

School of Quilombismo

3.–4. Juni
28.–30. Juli
26.–31. August 2023

Die School of Quilombismo versteht sich als Hommage an Freundschaften, Geschichten und Netzwerke, die den Geist, die Energie, das Wissen und die Politik der Marronage, der antikolonialen Unruhestifter*innen und der *quilombos* in sich tragen und den Glauben aufrechterhalten, dass radikale Formen der Pädagogik den Menschen Orientierung für den Alltag und Wege in die Zukunft bieten. Inspiriert von all den in den *quilombos* aktiven Lehrer*innen, nomadischen Kosmolog*innen, flüchtigen Wissenschaftler*innen und Straßenphilosoph*innen, materialisiert sich die Schule in Performances, Diskussionen, Workshops, einer Abendschule, Sessions zum Zuhören, Tanzpartys und Wanderungen durch die Stadt. Die an keinen bestimmten Ort gebundenen Treffen erschließen den urbanen Raum, kreuzen an verschiedenen Stellen auf, verschwinden wieder – jede Session weist schon voraus auf die nächste. Im Sommer 2023 macht die School of Quilombismo nicht-institutionelle und öffentliche Orte zu Räumen eines kollektiven (Ent-)Lernens, das überkommene Sichtweisen ins Wanken bringt.

Information und Anmeldung unter education@hkw.de

Dieses Projekt wurde konzipiert in Zusammenarbeit
mit Amal Ahaag & André Pitol.

Schattenmuseum
Ein performatives Spiel

11. Juni, 9. Juli, Interaktive Performance
24. Juni, 1. Juli, Interaktive Tour mit der Siri-Box

Das Schattenmuseum – dreizehn junge Menschen im Alter von 11 bis 21 Jahren, die insgesamt sechs Sprachen sprechen – versteht sich als alternativer Ansatz, ein Museum zu denken, und als Netzwerk, das Vorschläge für Institutionen zum Umgang mit Communitys, mit Sammlungen und mit edukativen Möglichkeiten erarbeitet. Bei der Ausstellung *O Quilombismo* inszeniert das Schattenmuseum ein performatives Spiel. Es jongliert mit unterschiedlichen Perspektiven, nimmt Biografien auf von Künstler*innen der Ausstellung, von Mitgliedern des Schattenmuseums und ihren Familienarchiven sowie aus Straßen- und anderen Interviews. Dabei entsteht ein interaktives Spiel, das für alle Menschen (ab 10 Jahren) zugänglich ist. Die Besucher*innen sind eingeladen, andere, neue Perspektiven einzunehmen und sich mit „fremden“ und fiktiven Biografien auseinanderzusetzen und dabei durch das Spiel zu bewegen.

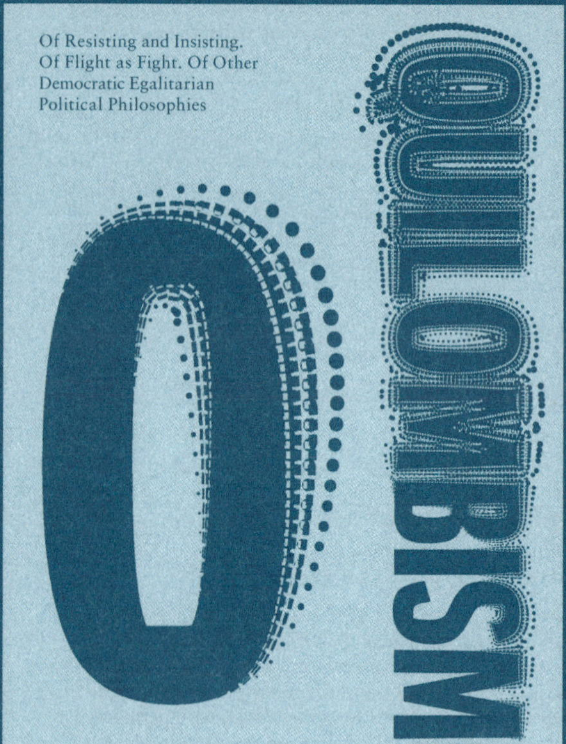
Of Resisting and Insisting.
Of Flight as Fight. Of Other
Democratic Egalitarian
Political Philosophies
QUILOMBISMO
HKW
Archive Books

Von Widerstand
Von Flucht als
Philosophien
HKW

O Quilombismo Reader

Der Reader zum gleichnamigen Projekt wendet sich an Leser*innen, die an den konzeptionellen Hintergründen und Kontexten des Quilombismo interessiert sind: Widerstand, Auflehnung und Befreiung, Spiritualität und Ekstase, neue kulturelle Formen und ästhetische Paradigmen, *quilombo* als Queering und zeitgemäße Interpretation von Kollektivität. Gestützt auf Neuübersetzungen historischer Texte, auf Gedichte, Essays und Gespräche befasst sich die Publikation mit den Gründungsfiguren des Quilombismo, erforscht seine theoretischen Formulierungen und verfolgt seine weltweite Resonanz in unterschiedlichen Praktiken.

Mit Beiträgen von Lillian Allen, Amanda Carneiro, Jean Casimir, Cosmin Costinaş, Chris Cyrille-Isaac, Paz Guevara, O'Neil Lawrence, Lēnablou, Vladimir Lucien, Berette S Macaulay, José Lingna Nafafé, Abdias Nascimento, Beatriz Nascimento, Bonaventure Soh Bejeng Ndikung, Marie Helene Pereira, Quỳnh N. Phạm, Carlos Maria Romero aka Atabey, Murah Soares, Juliana M. Streva und Eric Otieno Sumba

Haus der Kulturen der Welt (HKW) und Archive Books, Berlin, 2023

256 Seiten
Deutsche und englische Ausgabe
34 Abbildungen

Preis: 21 €

ISBN DE: 978-3-949973-27-7
ISBN EN: 978-3-949973-26-0

Buchvorstellung am Samstag, 3. Juni, 17:00, siehe S. 266

Congorama ist eine Klangsuche und musikalische Reise zu drei Orten der Welt: Geografisch weit voneinander entfernt, verfügen alle drei über eine Fülle an Ressourcen, einen unvergleichlichen musikalischen und kulturellen Reichtum und teilen viele Gemeinsamkeiten, die der gewaltvollen kolonialen Vergangenheit entspringen und bis heute nachwirken. Die transatlantische Reise nimmt ihren Ausgang am Kongo-Fluss, mit 4.700 Kilometern der zweitlängste Fluss Afrikas, der alle möglichen Geschichten von Königreichen, Stammesgebieten, Handelsrouten, Migration, Versklavung, Kolonialismus, Unabhängigkeit, kultureller Vielfalt, Kreativität und Widerstand mit sich trägt. Weiter geht es durch ein abgelegenes schwimmendes Dorf im Norden Venezuelas: Congo Mirador, der Ort mit den meisten Blitzen auf der Welt – bis zu 120 pro Minute, begleitet vom Klang des afro-venezolanischen Trommelschlags. Weiter nördlich

ORAMA

diente der Congo Square in New Orleans als offener Treffpunkt, an dem versklavte und freie Menschen sich trafen, um gemeinsam Musik zu machen. Dieser Platz ist von herausragender Bedeutung für die afro-amerikanische Geschichte – und Geburtsstätte der Musikkultur von New Orleans. Nach den Konzerten bei *Acts of Opening Again*, geht das Festival den Sommer über weiter mit Live-Konzerten, DJ-Sets, Listening Sessions, Workshops und Vorträgen. Das Publikum ist eingeladen, traditionelles Wissen der Ahnen, Rhythmus, Musik und andere Klangpraktiken kennenzulernen und auf ganz neue Art zu erleben, wie der Gemeinschaftscharakter von Sound verschiedene Welten miteinander verbindet.

Bullerengue

5. Juni – Franklin Tejedor „Lamparita“ von der Band Estrellas del Caribe & Mitú

6. Juni – Bullerengue Circle

2. Juli – Álvaro Llerena Martínez, Sohn der Bullerengue-Ikone Petrona Martínez

30. Juli – Bullerengue Circle in Begleitung des Ensembles Mar, Rio y Cordillera

16. September – Bullerengue & afro-kolumbianische Tanzpraxis Yarley Escudero „El Happy“, Dely Prem

17. September – Emelina Reyes Salgado „La Burgos“, Franklin Hernández „Lukumí“, Yarley Escudero „El Happy“, Dely Prem

Rueda de Bullerengue/ Finissage der Ausstellung – Emelina Reyes Salgado „La Burgos“, Franklin Hernández „Lukumí“, Yarley Escudero „El Happy“, Dely Prem, Bullerengue Circle und Workshopteilnehmer*innen

Ein Programm von Musik- und Tanz-Workshops

Gemeinsam ernten, was wir säen

Der afro-kolumbianische Bullerengue macht den Auftakt: Im Anschluss an die Wiedereröffnung holt das HKW gemeinschaftsorientierte Rhythmuskulturen ins Haus. In Berlin lebende Mitglieder migrantischer Communitys, feministischer und anderer emanzipatorischer Gruppen sind eingeladen, *bailes cantados* – gesungene Tänze – einzustudieren, begleitet von Live-Trommeln und moderiert von Künstler*innen, die diese uralte Tradition in ihren jeweiligen Communitys pflegen. Der Bullerengue ist eine in der kolumbianischen Karibik und in der Provinz Darién in Panama beheimatete Rhythmusfamilie westafrikanischen Ursprungs. Praktiziert wird er in *ruedas* oder Kreisen, bei denen die Teilnehmenden gemeinsam in mantraähnliche Refrains einstimmen: Ruf- und Antwortgesänge, die Erhabenheit und innere Kraft zum Ausdruck bringen und als kollektive, improvisatorische Form von Musik und Tanz ein Gefühl der Zusammengehörigkeit aktivieren. Als generationenübergreifende Praxis der Gemeinschaftlichkeit und des Wissenstransfers von älteren Frauen gepflegt, basiert der Bullerengue auf Formen der Spiritualität und Philosophie, die seit Jahrhunderten als Heilmittel gelten. Heute tragen sie dazu bei, an die Geschichte des Widerstands zu erinnern, der in der afro-diasporischen Gemeinschaft verwurzelt ist. Im gesamten HKW werden Trommelklänge zu hören sein – klatschen, singen, tanzen oder spielen Sie mit.

Während der Laufzeit der Ausstellung stehen Übungsinstrumente bereit. Informationen und Anmeldung auf www.hkw.de

In Auftrag gegeben und produziert vom Haus der Kulturen der Welt (HKW), mit Unterstützung der Botschaft der Republik Kolumbien, 2023

Organisiert und durchgeführt von *tamboleros* (Trommler*innen), *cantadoras* (Sänger*innen) und *bailadores* (Tänzer*innen) aus San Basilio de Palenque und Palenque de Chucunate, Turbo, Kolumbien; mitgestaltet und begleitet von dem Londoner Bildungsprojekt *Bullerengue Circle* (Esteban Card & Valeria Pacific) mit monatlichen Online-Follow-ups zur Unterstützung der musikalischen Praxis.

Acts of Opening Again:
Eine Choreografie der Konvivialität
2.6.–4.6.2023

Öffnungszeiten der Ausstellung:
Fr., 2. Juni 17:00–23:00
Sa., 3. & So., 4. Juni 12:00–23:00

Freier Eintritt

O Quilombismo: Von Widerstand und Beharren. Von Flucht als Angriff. Von alternativen demokratisch-egalitären politischen Philosophien
2.6.–17.9.2023

Öffnungszeiten:
Mi.–Mo. 12:00–19:00

Tickets: 8€/6€ ermäßigt

Beim Kauf einer Eintrittskarte zur Ausstellung ist dieses Handbuch im Preis inbegriffen.

Freier Eintritt immer montags und jeden ersten Sonntag im Monat (Museumssonntag Berlin)

Informationen zum Besuch weiterer Veranstaltungen finden sich auf www.hkw.de

Öffnungszeiten Bookshop
Mi.–Mo. 12:00–19:00
längere Öffnungszeiten an Veranstaltungstagen

Öffnungszeiten Weltwirtschaft
Mo.–Fr. ab 12:00, Sa. & So. ab 10:00
www.weltwirtschaft.berlin

O Quilombismo: Von Widerstand und Beharren. Von Flucht als Angriff. Von alternativen demokratisch-egalitären politischen Philosophien

Ausstellungsarchitektur:
Studio Bel Xavier mit Claudia Afonso, Alice Schmitx

Leitsystem: Studio Yukiko

Team Haus der Kulturen der Welt (HKW)

Turi Agostino, *Ton- und Videotechniker*

Philipp Albers, *Redakteur (Publikationspraktiken)*

Christine Andersen, *Assistenz Ausstellungsbau*

Hannes Bemm, *Koordinator Förderungen*

Justus Berger, *Technischer Assistent*

Nora Bergreiter, *Projektassistenz (Ausstellungspraktiken)*

Emilienne Fernande Bodo, *Kuratorische Assistentin und Researcherin (Architektur- und Raumpraktiken)*

Lale de Boer, *Studentische Mitarbeiterin (Musik, Performances und Festivals)*

Pauline Both, *Empfang*

Julia Büki, *Produzentin und Researcherin (Performative Praktiken)*

Dr. Rosa Cordillera Castillo, *Kuratorin (Diskursive Praktiken)*

René Christoph, *Ton- und Videotechniker*

Cosmin Costinaş, *Senior Kurator (Ausstellungspraktiken)*

Dr. Max Czollek, *Gastkurator*

Jason Dorn, *Bühnentechnik*

Andreas Durchgraf, *Ton- und Videotechniker*

Alexandra Engel, *Künstlerische Gesamtkoordination*

Gernot Ernst, *Leitung Ausstellungsbau*

Petra Fickinger, *Administratorin (Musik, Performances und Festivals)*

Simon Franzkowiak, *Ton- und Videotechniker*

Júlia Frate Bolliger, *Koordination Internationale Presse*

Claudia Frenzel, *Assistentin des Intendanten und Chefkurators*

Felix Fuchs, *Studentischer Mitarbeiter (Ausstellungspraktiken)*

Amaya Gallegos, *Produktionsassistentin und Researcherin (Literatur- und Oralturpraktiken)*

Henriette Gallus, *Stellvertretende Intendantin*

Martin Gehrmann, *Mitarbeiter Ausstellungsbau*

Sophie Genske, *Projektassistenz (Ausstellungspraktiken)*

Miriam Greiter, *Programmkoordination Schools of Sustainability*

Jakob Grüner, *Volontär*in (Wissenschafts-, Digital- und Medienpraktiken)*

Paz Guevara, *Kuratorin (Ausstellungspraktiken)*

Janne Hagge Ellhöft, *Mitarbeiterin Kommunikation*

Marco Hanisch, *Fachassistenz Gebäudemanagement*

Matthias Hartenberger, *Ton- und Videotechniker*

Syelle Hase, *Produktionsmanagerin und Researcherin (Ausstellungspraktiken)*

Tilman Hatje, *Projektkoordination (Ausstellungspraktiken)*

Bastian Heide, *Beleuchtungstechnik*

Lilli Heinemann, *Produktionsmanagerin und Researcherin (Literatur- und Oralturpraktiken)*

Ronny Held, *Systemadministrator Informationstechnik*

Susanne Held, *Koordination Marketing und Finanzen*

Mathias Helfer, *Technische Leitung*

Matthias Henkel, *Mitarbeiter Ausstellungsbau*

Eva Hiller, *Administratorin (Wissenschafts-, Digital- und Medienpraktiken)*

Tristan Hinkel, *Empfang*

Stefan Höhne, *Mitarbeiter Ausstellungsbau*

Henrieke Homburg, *Volontärin (Literatur- und Oralturpraktiken)*

Frank Jahn, *Leitung Gebäudemanagement*

Lama El Khatib, *Produktionsmanagerin und Researcherin (Architektur- und Raumpraktiken)*

Jan Köhler, *Internetredaktion*

Çiğdem Çağlayan Kolain, *Assistentin der Stellvertretenden Intendantin, Programmassistentin*

Sabine Krasemann, *Koordinatorin Drittmittelcontrolling*

Svetlana Krickovic, *Empfang*

Matthias Kujawa, *Haustechniker*

Ronja Landtau, *Praktikantin (Ausstellungspraktiken und Produktion)*

Frederick Langkau, *Bühnentechnik*

Elinor Lazar, *Koordination Social Media und Presse*

Helene Lehrkamp, *Studentische Mitarbeiterin (Projektförderungen)*

Marine Lucina, *Produzentin und Researcherin (Kulturelle Bildung)*

Dzekashu MacViban, *Kurator (Literatur- und Oralturpraktiken)*

Marlen Mai, *Studentische Mitarbeiterin (Dokumentation)*

Virág Major-Kremer, *Produzentin und Researcherin (Wissenschafts-, Digital- und Medienpraktiken)*

Edna Martinez, *Kuratorin (Musik- und Klangpraktiken)*

Laura Mattes, *Projektkoordination und Partnerprojekte*

Clara Molau, *Volontärin (Presse und Marketing)*

Dr. Sara Morais dos Santos Bruss, *Kuratorin (Wissenschafts-, Digital- und Medienpraktiken)*

Moritz Müller, *Managing Editor (Publikationspraktiken)*

Prof. Dr. Bonaventure Soh Bejeng Ndikung, *Intendant und Chefkurator*

Lisa Xenia Ness, *Produktionsassistentin (Ausstellungspraktiken)*

Daniel Neugebauer, *Kurator (Kulturelle Bildung & Strategische Partnerschaften)*

Omar Nicolas, *Projektmanager Relaunch Mediathek*

Dr. Alexandra Ortiz-Wallner, *Kuratorin (Literatur- und Oralturpraktiken)*

Jessica Páez, *Produktionsmanagerin und Researcherin (Performative Praktiken)*

Carsten Palme, *Mitarbeiter Gebäudemanagement*

Anastasios Papiomytoglou, *Ton- und Videotechniker*

Marie Helene Pereira, *Senior Kuratorin (Performative Praktiken)*

Adrian Pilling, *Beleuchtungsmeister*

Felix Podzwadowski, *Ton- und Videotechniker*

Benjamin Pohl, *Leitung Veranstaltungstechnik*

Jan Proest, *Leitung Audiovisuelle Medientechnik*

Veronika Rau, *Produktionsmanagerin und Researcherin (Literatur- und Oralturpraktiken)*

Leonardo Rende, *Beleuchtungstechnik*

Lena Katharina Reuter, *Produzentin und Researcherin (Literatur- und Oralturpraktiken)*

Carlos Maria Romero aka Atabey, *Kurator*in (Performative Praktiken)*

Andrew Schmidt, *Mitarbeiter Ausstellungsbau*

Marleen Schröder, *Produktionsmanagerin und Researcherin (Ausstellungspraktiken)*

Olga Schubert, *Redakteurin (Publikationspraktiken)*

Stefan Seitz, *Mitarbeiter Ausstellungsbau*

Shohreh Shakoory, *Produktionsassistentin und Researcherin (Ausstellungspraktiken)*

Fiona Shipwright, *Redaktionsassistenz (Publikationspraktiken)*

Elisabeth Sinn, *Mitarbeiterin Ausstellungsbau*

Muhammed Ali Sözen, *Mitarbeiter Ausstellungsbau*

Dr. Sebastian Sprenger, *Übergreifende Produktionskoordination und Disposition*

Verena Stahl, *Administratorin (Literatur-, Oraltur- und Publikationspraktiken)*

Mira Starke, *Koordination Fachbesuche*

Eva Stein, *Kuratorin (Kulturelle Bildung)*

Goscha Steinhauer, *Projektassistenz (Ausstellungspraktiken)*

Merit Steinmeier, *Volontärin (Presse und Marketing)*

Eric Otieno Sumba, *Redakteur (Publikationspraktiken)*

Can Sungu, *Kurator (Filmpraktiken)*

Nicholas Tanton, *Mitarbeiter Gebäudemanagement*

Pia Thilmann, *Produzentin und Researcherin (Festivals)*

Jan Trautmann, *Pressesprecher*

Gabriele Tuch, *Produktionsmanagerin und Researcherin (Festivals, Musik und Sonderformate)*

Savannah Turner, *Studentische Mitarbeiterin (Publikationspraktiken)*

Anke Ulrich, *Administratorin (Ausstellungs- und Filmpraktiken)*

Sophia Vogelsberg, *Projektassistenz (Performative Praktiken)*

Naïma Walter, *Studentische Mitarbeiterin (Kulturelle Bildung)*

Felix Weck, *Ton- und Videotechniker*

Franziska Wegener, *Managing Editor (Publikationspraktiken)*

Harald Weißmann, *Assistenz Technische Direktion / KBB*

Sabine Westemeier, *Datenbank- und Einladungsmanagement*

Jill Winder, *Redakteurin (Publikationspraktiken)*

Undine Zamani, *Produktionsmanagerin und Researcherin (Musik und Klangpraktiken)*

Kexun Zhang, *Praktikant*in (Ausstellungspraktiken)*

Stefan Ziebarth, *Haustechniker*

O Quilombismo: Von Widerstand und Beharren. Von Flucht als Angriff. Von alternativen demokratisch-egalitären politischen Philosophien wird gefördert durch die Kulturstiftung des Bundes.

Das Projekt wird gefördert durch die

KULTURSTIFTUNG DES BUNDES

In Zusammenarbeit mit der Calouste Gulbenkian Foundation als Teil des Programms PARTENARIATS GULBENKIAN zur Förderung der portugiesischen und lusophonen Kunst in europäischen Kulturinstitutionen.

FONDATION CALOUSTE GULBENKIAN
DÉLÉGATION EN FRANCE

Das Haus der Kulturen der Welt (HKW) dankt IPEAFRO / Afro-Brazilian Studies and Research Institute für die Zusammenarbeit.